ENSEÑAR ESPAÑOL
A NIÑOS Y ADOLESCENTES

Enfoques y tendencias

GW00644863

cuadernos de didáctica

ENSEÑAR ESPAÑOL A NIÑOS Y ADOLESCENTES

Enfoques y tendencias

MIQUEL LLOBERA
Universitat de Barcelona

FRANCISCO HERRERA
Clic International House Cádiz

SONIA EUSEBIO
International House Madrid

FRANCISCO LARA
Internationale
Friedensschule Köln

MANUELA MENA
The Language House

MARÍA MARTÍN
The British House

LAURA ZUHEROS
Instituto Cervantes de Pekín

MATILDE MARTÍNEZ
GREIP, Universitat Autònoma
de Barcelona

FRANCISCO XABIER SAN ISIDRO
Universidad del País Vasco

DIEGO OJEDA
Universidad de Granada

BELÉN ROJAS
Universidad de Granada

FERNANDO TRUJILLO
Universidad de Granada

MARÍA PILAR CARILLA
Athénée Royal de Beaumont

VICENTA GONZÁLEZ
Universitat de Barcelona

JOAN-TOMÀS PUJOLÀ
Universitat de Barcelona

LUCI NUSSBAUM
Universitat Autònoma
de Barcelona

ANTONIO ORTA
CLIC International House Sevilla

CARMEN RAMOS
Universidad de Lenguas
Aplicadas SDI Múnich

ENCINA ALONSO
Universidad de Múnich

CUADERNOS DE DIDÁCTICA

Colección dirigida por Francisco Herrera y Neus Sans

ENSEÑAR ESPAÑOL A NIÑOS Y ADOLESCENTES

Enfoques y tendencias

AUTORES: Sonia Eusebio, Francisco Lara, Manuela Mena, María Martín, Laura Zuheros, Matilde Martínez, Francisco Xabier San Isidro, Diego Ojeda, Belén Rojas, Fernando Trujillo, María Pilar Carilla, Francisco Herrera, Vicenta González, Joan-Tomàs Pujolà, Luci Nussbaum, Antonio Orta, Carmen Ramos, Encina Alonso.
Prólogo: Miquel Llobera

EDICIÓN: Francisco Herrera

REDACCIÓN: Gema Ballesteros Pretel

REVISIÓN Y CORRECCIÓN DE ORIGINALES: Alba Pérez Quintero

CORRECCIÓN ORTOTIPOGRÁFICA: Marta Martínez Falcón

DISEÑO DE CUBIERTA E INTERIORES: Laurianne López Barrera

MAQUETACIÓN: Laurianne López Barrera

ILUSTRACIÓN DE CUBIERTA: Laurianne López Barrera

© Los autores y Difusión S.L. Barcelona 2016
ISBN: 978-84-16657-42-1
Impreso en España por Novoprint

Queda prohibida cualquier forma de reproducción, distribución, comunicación pública y transformación de esta obra sin contar con la autorización de los titulares de la propiedad intelectual. La infracción de los derechos mencionados puede ser constitutiva de delito contra la propiedad intelectual (art. 270 y ss. Código Penal).

C/ Trafalgar, 10, entlo. 1ª
08010 Barcelona - España
Tel.: (+34) 932 680 300
Fax: (+34) 933 103 340
editorial@difusion.com

www.difusion.com

ÍNDICE

PRÓLOGO

Miquel Llobera
Universitat de Barcelona

En la enseñanza de lenguas extranjeras los profesores siempre nos hemos movido por preocupaciones relacionadas con la naturaleza de la lengua, sobre todo de la manera mediante la cual los aprendientes llevan a cabo su propósito y sobre cómo los profesores podemos contribuir a facilitar el esfuerzo que realizan nuestros estudiantes. Sin embargo, también, y sin que nos lo hayamos propuesto, hemos contribuido de manera indirecta a la educación de nuestros estudiantes. El aprendizaje de un morfema o de un fonema no es solo un problema técnico, es una inmersión en una realidad diferente de la propia, en la que las mismas cosas tienen nombres diferentes, y en las que, por ejemplo, las expresiones de cortesía tienen una frecuencia de uso diferente.

A menudo, nuestras preconcepciones sobre cómo se debe estructurar el proceso de aprendizaje se han impuesto a los procesos que serían más naturales e intuitivos para nuestros alumnos. La voluntad de innovación y de estar al día nos ha impulsado a la construcción de reglas inflexibles que, a menudo, aplazan el avance en el conocimiento de la lengua que los estudiantes habrían desarrollado con mayor rapidez: el miedo al error en los años sesenta y setenta podría ser un buen ejemplo de este tipo de práctica. Los esquemas provenientes de la presentación de paradigmas que se hacen en los libros de texto para lenguas maternas han influido en la forma en la que se organizan las experiencias de aprendizaje, sin que esto tenga una justificación evidente.

Por supuesto que hemos ido desarrollando nuestra docencia siguiendo conceptos que nos han parecido plausibles; hemos ido tomando conciencia de la complejidad de los procesos de adquisición de segundas lenguas, de la necesidad de tomar en consideración las diversas dimensiones del contexto lingüístico, de la multitud de condicionantes culturales, emocionales y educativos; de la necesidad de acompañar a nuestros estudiantes en su desarrollo cognitivo y en su exploración de terrenos lingüísticos alejados de los que ellos están acostumbrados a moverse, en experiencias de aprendizaje con características contrarias a las más frecuentes en los centros educativos. En las aulas, los alumnos debían hablar poco entre sí y, casi siempre, en voz baja, en la lengua que compartían; en cambio, en las de segundas lenguas o lenguas extranjeras debían esforzarse en hacer lo contrario: debían hablar e intervenir en una lengua que desconocían para poder aprenderla. Eran frecuentes, en los institutos de secundaria, las quejas de los profesores de otras materias sobre el ruido que se expandía desde las aulas de lenguas extranjeras. Aunque era cierto que, a menudo, las actuaciones orales correspondían más a las actividades que Widdowson calificó de "utilización" del lenguaje que a actividades de "uso" genuino del mismo, es decir, actividades contextualizadas y con sentido comunicativo.

Para paliar las rigideces de las aproximaciones basadas predominantemente en descripciones estructurales, a finales de los años sesenta y principios de los setenta se propusieron actividades de clase en las que la afectividad de los participantes, su creatividad y su capacidad de compartir juegos fueran el eje de la organización de la docencia, favoreciendo una participación tan libre y lúdica como fuera posible. Hoy, el trabajo por tareas y por proyectos ha ido subvirtiendo aquellas prácticas estáticas de aprendizaje, y la enseñanza de lenguas extranjeras ha dejado atrás esa sensación de extrañeza que surgía cuando se tenían que producir frases totalmente controladas en las actividades de expresión oral.

Los procesos de construcción de conocimientos que se daban en las aulas de primaria, influenciadas por Montessori o Dewey, a menudo constituían excelentes ejemplos de lo que parecía aconsejable hacer en las aulas de lenguas extranjeras; en ellas parecía más adecuado construir un currículo a partir de actividades que tuviesen un significado para los aprendientes que un listado de funciones y nociones a aprender. Los alumnos jóvenes, por ejemplo, llevan a cabo con placer acciones, como intentar articular pequeñas representaciones usando esquemas mentales que les son familiares y movilizando conocimientos sobre personajes de ficción para construir interacciones que les interesen, antes que centrarse en el aprendizaje de funciones como saludar, dar información denotativa, etc. Por lo tanto, parece más interesante hacer listados mediante signos lingüísticos o ilustraciones de productos para comer que no les gustan y que tienen en las neveras de sus casas para, a continuación, hacerles elaborar una lista de la compra de productos que les apetezcan a ellos. Según el nivel de lengua, se hace necesario continuar comunicando el grado de rechazo o aprobación a través de elementos kinésicos (gestos, expresiones faciales, etc., y si se tienen más recursos lingüísticos explicarlo además de manera oral). Tanto a niños como a adolescentes parece imprescindible proponerles actividades que estén en consonancia con su nivel de familiaridad con la tecnología y que concluyan con actividades orales en las que den cuenta del proceso que han seguido o con productos escritos que se publiquen en los foros que los alumnos compartan. Y es deseable que ello les lleve a explorar recursos léxicos y sintácticos que pueden aprehender y, poco a poco, utilizar de manera más o menos autónoma, en interacciones tan espontáneas como sea posible.

El aula de lenguas segundas o extranjeras es un espacio que cobra sentido si los que intervienen en ella lo dotan de valor a través de la participación. La actividad de enseñar es una visión limitada de lo que ocurre en ella. Esta participación es la condición ineludible para construir significado, en términos de Halliday. Es un proceso en el que mediante los sonidos y las palabras construimos conocimiento de manera adecuada para todos los participantes. Construimos conocimiento socialmente distribuido que nos permite alcanzar un mundo que es más amplio que el que estamos acostumbrados a ver o podemos tocar en cualquier momento. Esta participación nos permite expandir las experiencias a una cultura distinta a través de una lengua diferente, en la que actos y eventos de habla nos ayudan a hacer frente a nuevas situaciones donde se desarrollan nuevas creencias y se forjan diferentes categorías mentales, y puede ayudar a los alumnos a considerar de manera crítica su forma de estar en el mundo. Todo ello nos lleva a pensar que la labor básica del profesor es acompañar a los alumnos mediante una interacción:

- que nos permita simplificar el *input* que llega al alumno,
- que se active mediante preguntas, propuestas e incitaciones,
- que nos ayude a reparar las contribuciones de los alumnos y
- que nos permita sostener la voluntad de continuar en este proceso arduo en el que están inmersos nuestros alumnos al aprender una lengua extranjera.

Nuestro acompañamiento debe estar orientado a contribuir a que los aprendices expandan su creatividad, su capacidad de iniciativa y de expresarse en público, su manera de percibir la realidad de manera crítica y de tomar conciencia de su proceso de aprendizaje de manera reflexiva. Autonomía y creatividad podrían ser los objetivos generales que probablemente mejor ayudarían a los niños y adolescentes en este aprendizaje.

El presente libro contribuirá, sin duda, a que los profesores continúen introduciendo innovaciones en las aulas de español como lengua extranjera, a que no estén sometidos a procesos estériles de continuadas evaluaciones para medir lo que casi nunca puede medirse a corto plazo, a que se preocupen por el desarrollo perceptivo y cognitivo de sus alumnos más que por seguir o completar un programa, a que sepan evaluar todo lo que han conseguido con sus alumnos en toda su dimensión lingüística y humana, a que entiendan que todo currículo solo se puede fijar, y aun así de manera frágil y provisional, cuando la docencia ya ha tenido lugar y se ha reflexionado sobre el proceso de manera detenida.

MIQUEL LLOBERA
Universitat de Barcelona

Barcelona, 05 de septiembre de 2016

NOTA DEL EDITOR

Francisco Herrera
Clic International House Cádiz

Si atendemos a las cifras publicadas en los últimos años por las instituciones implicadas en la promoción del español, se puede ver que la enseñanza de nuestro idioma mantiene desde hace varias décadas una evidente línea de crecimiento. Aunque este incremento se ha sostenido en el tiempo, su extensión geográfica es más irregular: mientras, en Estados Unidos los números dan vértigo, en otras áreas, como el centro o el norte de Europa, parecen ligeramente estancados. Es evidente que mientras algunos mercados maduran, otros empiezan a abrirse con fuerza a la oferta formativa del español como segunda lengua.

Si hasta finales del siglo pasado el aumento de estudiantes de español se producía sobre todo en los ámbitos de la educación universitaria y de la enseñanza no formal adulta, desde hace varios lustros los números crecen de manera evidente en la enseñanza primaria y, en especial, en la secundaria. Por lo tanto, la demanda de profesorado especializado en la enseñanza del español obliga a los profesionales a adaptarse a estos cambios en la oferta educativa y, a la vez, a formarse en las habilidades y estrategias que necesitarán desarrollar como docentes de segundas lenguas para niños y adolescentes.

Lógicamente, la didáctica general para segundas lenguas aporta la base formativa para el docente de español especializado en estos públicos más jóvenes. Sin embargo, hay que entender que existen aspectos concretos de la enseñanza a niños y jóvenes que deben desarrollarse de una forma propia, haciendo hincapié en cuestiones como la motivación, el ambiente afectivo, el enfoque lúdico o el rol de la tecnología en este tipo de aulas.

Ser profesor de español en estos contextos nos obliga a hacer un esfuerzo reflexivo previo con el fin de encajar de manera adecuada todas las piezas del rompecabezas didáctico. De esta manera, planificar una clase de español para este tipo de alumnado (en realidad, para estos tipos de alumnado) significa tener en cuenta objetivos, contenidos, dinámicas, programación y criterios de evaluación adaptados y, a la vez, gestionarlos de manera eficaz.

Como se puede ver ya desde el índice, esta entrega de Cuadernos de Didáctica se ha organizado en torno a tres áreas de trabajo. En el primer apartado, el lector encontrará aquellos artículos que se centran en la enseñanza del español para niños, desde aspectos más generales, como la planificación y el manejo de la clase, hasta cuestiones más específicas, como el tratamiento de los materiales didácticos o la dimensión afectiva del aula. En el segundo apartado, se han organizado los textos que se centran en los adolescentes como aprendientes de español. Al igual que en el área anterior, aquí se tratan cuestiones que afectan al plan de la clase, como el enfoque por tareas, pero también tendencias concretas, como el aprendizaje basado en proyectos (ABP) o el aprendizaje integrado de contenidos y lenguas extranjeras (AICLE). Para cerrar el volumen, hemos organizado una sección de cuestiones generales que afectan por igual a la enseñanza a niños y jóvenes, en el que se analizan aspectos fundamentales como la atención, el plurilingüismo, la metacognición, la gamificación, el papel de la tecnología y las redes sociales en este tipo de aulas.

De todos los ámbitos en los que el docente de español como segunda lengua puede llevar a cabo su labor profesional, sin duda, el de la enseñanza a niños y adolescentes es uno de los que más retos nos plantea. Los autores de este volumen hemos intentando echar una mano en este desafío con la intención de compartir con la comunidad de profesores de español nuestras reflexiones, lecturas y experiencias. El debate está abierto.

ENSEÑAR ESPAÑOL A NIÑOS

1

PLANIFICAR UNA CLASE DE ESPAÑOL PARA NIÑOS

Sonia Eusebio
International House Madrid

En el año 2000, Martín Peris publicaba su célebre artículo "La enseñanza centrada en el alumno", en el que se analizaba el cambio de paradigma en la concepción del proceso de enseñanza-aprendizaje. No queremos caer en la tentación de calificar esta renovación metodológica de revolucionaria; usar este adjetivo para describir los cambios que se producen en las aulas de ELE resulta difícil, ya que las condiciones y los condicionantes han provocado que teoría y práctica estuvieran más separadas de lo que nos hubiera gustado y, con ello, que se haya necesitado más tiempo para cambiar las creencias y, con ellas, los diseños curriculares. Pero la evolución no se puede negar. Es cierto que, en la actualidad, en la mayoría de los centros e instituciones, las planificaciones y, por tanto, los procedimientos adoptan una visión socioconstructivista del aprendizaje en la que el estudiante es el centro del proceso. Fruto de esa visión, entre otros aspectos fundamentales, se adopta la idea de que el profesor es mediador, guía o facilitador del aprendizaje. Desde esta perspectiva, el docente es el encargado de planificar clases y actividades atendiendo al grupo y a la variedad e individualidad de sus componentes. Esta es la visión desde la que abordamos las tareas de planificación.

Un gran porcentaje de nuestra experiencia en la enseñanza del español procede de las clases a adultos. A muchos de los docentes que empezamos a formarnos y a interesarnos por la enseñanza de ELE a niños (ELEN) nos preocupaba pensar que teníamos que empezar de nuevo y nos planteábamos si todos los conceptos del currículo centrado en el alumno, que tanto tiempo nos había costado contemplar en las programaciones de aula, se podían trasladar a este nuevo perfil de estudiante. La experiencia de muchos profesores y la publicación de nuevos materiales y manuales nos han dado la respuesta. Planificar una clase de ELEN requiere, por un lado, de un conocimiento teórico general sobre el aprendizaje de lenguas y los fundamentos de una buena planificación y, por otro, de una formación específica que nos ayude a entender los procesos implicados en el aprendizaje del niño para elegir las actividades, materiales y recursos más apropiados.

Así, nos gustaría que este artículo contribuyera a enterrar las creencias de que en una clase de niños la planificación consiste en seleccionar una serie de actividades lúdicas, dinámicas y variadas con las que los alumnos se diviertan, y que esta no precisa de una estructura que muestre una coherencia tanto metodológica como pedagógica.

¿QUÉ DEBEMOS SABER DE METODOLOGÍA PARA PLANIFICAR UNA CLASE DE NIÑOS?

Una clase planificada coherentemente debe mostrar una secuencia de actividades organizadas de acuerdo con unos principios metodológicos, que han de estar definidos en la programación del centro, lo que el *Diccionario de términos clave de ELE* denomina "la planificación del currículo" [1]:

> La planificación de clases queda incluida en un proceso mayor: la planificación del currículo, en el que se han de tomar decisiones acerca de un conjunto de elementos: la especificación de los fines y los objetivos, la de los contenidos, la determinación de los procedimientos metodológicos de enseñanza y de los de evaluación; todos ellos servirán de base para organizar el plan pedagógico que corresponda a cada grupo concreto de alumnos. Una vez establecidos estos principios generales para el diseño de un curso, el profesor debe proceder a la planificación de clases, esto es, a la elaboración de la planificación parcial de cada una de las sesiones de enseñanza-aprendizaje.

Es responsabilidad del centro académico facilitar al profesor la programación, y de este, conocerla, saber interpretarla y ser capaz de identificar los conceptos teóricos y didácticos que definen la adscripción metodológica de la institución o que subyacen en los procedimientos descritos. En la mayoría de las ocasiones, los centros son claros y explícitos, pero sabemos que existen situaciones en las que el docente debe planificar clases sin una guía que lo dirija. En estos casos es el profesor el que debe reflexionar sobre sus creencias y es su tarea informarse y formarse si lo considera necesario. Una de las subcompetencias clave[2] del profesorado descritas por el Instituto Cervantes es la de planificar secuencias didácticas.

A este respecto, conviene tener claras las principales metodologías implicadas en la enseñanza a niños. No es la finalidad de este artículo profundizar en ellas, pero sí consideramos interesante recordarlas y anotar sus características más relevantes, ya que cada una de ellas determina una forma de planificar.

---

1 *Diccionario de términos clave de ELE* del Instituto Cervantes. Definición de "planificación de clases". Disponible en: http://cvc.cervantes.es/Ensenanza/biblioteca_ele/diccio_ele/default.htm.

2 El documento *Competencias clave del profesorado de lenguas segundas y extranjeras* del Instituto Cervantes (2012) describe las ocho competencias clave que tienen o se espera que desarrollen los profesores del Instituto Cervantes a lo largo de su trayectoria profesional. Una de ellas es la de "organizar situaciones de aprendizaje", dentro de la cual se encuentra la subcompetencia "planificar secuencias didácticas".

- Enfoque natural: desarrollado por S. Krashen y T. D. Terrell y basado en el modelo teórico de adquisición de una segunda lengua de Krashen en los años 80. El aprendizaje tiene lugar a partir de la planificación de actividades que simulan situaciones comunicativas y con las que se implica y motiva a los estudiantes a usar el lenguaje centrándose en el significado y sin prestar atención a la gramática. En el aprendizaje de adultos ha sido superado por concepciones que defienden la necesidad de incluir la enseñanza de las reglas lingüísticas, pero en las clases a niños podemos encontrarlo en muchas actividades.
- Modelo de respuesta física total y modelo de respuesta física total - contando cuentos: introducido por el psicólogo James Asher a finales de los años sesenta. Sus premisas más importantes las podemos encontrar en un gran número de actividades de manuales y planificaciones infantiles. Se basa en involucrar a los niños con movimientos y respuestas físicas a instrucciones y preguntas que se dan en el idioma extranjero.
- Enfoque comunicativo: tuvo una gran aceptación durante las décadas de los 80 y los 90 del siglo XX. El objetivo es la adquisición de la competencia comunicativa a través de actividades basadas en la interacción y en los procesos implicados en esta (uso de estrategias para la negociación del significado). Las secuencias didácticas deben contemplar e integrar todas las destrezas (lectura, escritura, expresión oral y comprensión auditiva).
- Enfoque por tareas: surge en torno a 1990 como evolución de los enfoques comunicativos. La unidad de organización del currículo es la tarea en lugar de los inventarios lingüísticos. Para D. Nunan (1998), la tarea es una unidad de trabajo para cuya consecución los alumnos se implican comunicativamente.

En la actualidad y en el momento metodológico en el que nos encontramos, tras la crisis del método, observaremos que una planificación está formada por una serie de actividades que tienen en cuenta muchos de los principios reseñados en los diferentes enfoques.

¿QUÉ DEBEMOS SABER SOBRE LA TAREA DE PLANIFICAR?

En el anterior número de esta colección, Antonio Orta (2016: 81) hablaba de la postura de algunos profesores que "consideran que la planificación constriñe su labor profesional al limitar la creatividad y la impredecibilidad propias de toda comunicación genuina", refiriéndose a ese plan de clase, inamovible y férreo, del que no nos podemos salir. La argumentación de otros docentes con posturas reacias a las planificaciones es la posible contradicción que podría observarse entre el concepto de planificar (anticipar, organizar) y el postulado de una enseñanza centrada en el alumno, que atiende a las necesidades de este y a sus individualidades. En este artículo nos gustaría transmitir la idea, ya defendida por Orta en su publicación, de que, independientemente del tiempo que a cada profesor le ocupe, según su grado de maestría o experiencia, todos los docentes sienten la necesidad de llevar un registro de lo que van a hacer, cómo lo quieren hacer y cuánto tiempo les va a llevar. Sabemos también que una característica de la planificación es la flexibilidad, es decir, es tarea del profesor tomar decisiones sobre algunos de los elementos de su planificación: actividades, procedimientos, contenidos, secuencias…

Queremos defender la idea de que una clase bien planificada ofrece una serie de ventajas: da confianza al profesor, que sabe lo que tiene que hacer, y ofrece seguridad a los estudiantes, que se sienten bien dirigidos, con instrucciones claras de lo que tienen que hacer. De igual modo, una buena planificación ayuda al docente a anticipar posibles problemas, lo que le facilita cambiar y adaptar lo planificado en función de lo que vaya observando. Por último, nos ofrece la satisfacción personal de una clase bien planificada y a los alumnos una lección con la que han aprendido y se han divertido (Eusebio, 2015).

ELEMENTOS DE UN PLAN DE CLASE

Un buen plan de clase tendrá, por un lado, unos objetivos claros, la descripción del procedimiento de las actividades, el tiempo de cada una de las tareas, los materiales necesarios para llevarlas a cabo y, por otro, debe establecer cómo se ha de iniciar, terminar y transitar cada una de las partes, de manera que haya coherencia en toda la unidad. Debe terminar con un apartado destinado a la anticipación de problemas.

> Las clases se organizan en secuencias. Llamamos a este proceso estructuración. Examinaremos cuatro dimensiones de la estructuración: **comienzo**: cómo comienza una clase; **secuencia**: cómo se divide la clase en segmentos y cómo estos segmentos se relacionan unos con otros; **ritmo**: cómo se logra el sentido del movimiento en una clase; **cierre**: cómo se finaliza una clase. (Richards y Lockhart, 1998: 107).

Más adelante veremos cómo podemos desarrollar cada una de estas partes de la clase en una planificación de ELEN.

¿QUÉ DEBEMOS TENER EN CUENTA PARA PLANIFICAR UNA CLASE DE ELEN?

Los niños no tienen la concentración de un adulto. Sabemos que un alumno adulto es capaz de mantener la concentración durante un tiempo limitado, entre 45 y

50 minutos, y, de manera pasiva, solo puede atender una explicación del profesor en torno a los 10 o 15 minutos (Alarcón, 2007). Los niños, muchísimo menos. Esto significa que debemos planificar una clase compuesta de muchas actividades cortas, en las que se mezclen los ritmos y los niveles de energía; es conveniente mezclar actividades que los animen con otras que los tranquilicen. Dependiendo de la edad, resulta difícil, además, mantener sentados y callados todo el tiempo a los estudiantes, por lo que se recomienda variar el enfoque de la clase y programar actividades con las que se utilice todo el espacio disponible en el aula: sentados en las sillas, en el suelo, de pie. Cambiarlos de posición, además, es una manera clara de señalar los tránsitos y los cambios de actividad.

Otro aspecto importante es ser consciente de lo significativo que es para nuestra planificación la diferencia de edad que existe dentro de los grupos[3] en los que se suele clasificar a los estudiantes: no es lo mismo un niño de tres años que uno de cuatro, e incluso entre las edades más avanzadas puede haber desigualdades importantes en el proceso cognitivo y madurativo. Es importante conocer las limitaciones motoras de nuestros alumnos y ser pacientes con el desarrollo de estas; conviene saber, por ejemplo, a qué edad un niño puede pintar el centro de una manzana, pero no las hojas de esta; si puede saltar a través de una raya que hemos trazado; si es capaz de mantener el orden en una fila, por ejemplo. Todo este conocimiento resulta imprescindible a la hora de planificar una clase de niños y se recomienda preparar actividades flexibles que permitan adaptarse a las diferentes edades y habilidades que podemos encontrar en el aula.

A diferencia de la enseñanza a adultos, el aprendizaje de la L2/LE está integrado en un aprendizaje global del menor como individuo. Las actividades que planifiquemos deberán estar conectadas con sus intereses, y estas deben tener en cuenta el universo del niño: la familia, el colegio, los juegos y los amigos; muchas de las tareas que planifiquemos, sobre todo con los más pequeños, deberán incluir canciones, cuentos y manualidades sencillas. Estas son actividades que les son familiares y a las que están acostumbrados en casa y en las otras disciplinas.

Las rutinas en la clase son también elementos favorecedores de familiaridad y seguridad que debemos considerar en nuestros planes de clase. Dotan a la planificación de una estructura clara y al niño lo ayudan a tener más conciencia del tiempo. Son actividades que posibilitan repasos y dan la oportunidad de presentar nuevos contenidos más

---

3 Cuando se habla de enseñanza a niños se diferencian dos grupos de edad, de 3 a 6 y de 6 a 9. Los 7 años se consideran la frontera del cambio.

complejos a través de situaciones que les resultan familiares y cercanas. Pueden ser canciones, gestos, frases, movimientos corporales, etc., que ayuden a los alumnos a percibir los diferentes momentos de la clase y a respetar la estructura y los tiempos.

En las últimas décadas, uno de los conceptos que más interés ha suscitado en el ámbito de la enseñanza ha sido la motivación. Sobre ella se han escrito muchos artículos y estudios, y muchos coinciden en señalar la importancia que tienen los acontecimientos que ocurren en la clase para el aumento o disminución de esta. Shumann (2000) explica que la motivación depende de la evaluación que el alumno hace de la experiencia de aprendizaje. Dentro de esta valoración, las actividades y dinámicas que hayamos elegido constituyen un elemento importante. Está demostrado que divertirse mientras se aprende convierte la experiencia en memorable, e implicar activa y personalmente a los alumnos, hace que estos aprendan y recuerden mejor. No es necesario insistir en que un niño motivado tiene más posibilidad de conseguir el éxito en el aprendizaje. Por todo esto, los profesores debemos invertir tiempo en nuestras planificaciones para hacer que el aprendizaje sea agradable y estimulante. Dörnyei (2008) señala tres estrategias fundamentales con las que los docentes podemos motivar a nuestros estudiantes: romper la monotonía del aprendizaje, hacer que las tareas sean más interesantes e incrementar la participación de los alumnos.

En el primer caso, el ingrediente que rompe con la monotonía del aprendizaje es la variación: de enfoques, de tipos de actividades, de destrezas implicadas, de dinámicas y agrupamientos. Se trata, por ejemplo, de intercalar actividades lingüísticas con otras en las que tienen que recortar o pintar, seguidas de una canción con la que tienen que responder físicamente a un requerimiento, entre otras.

El éxito de nuestra clase dependerá de la atención que seamos capaces de conseguir y esta viene en gran parte determinada por el interés hacia la tarea. Según el modelo motivacional de Keller (Chica, 2009), las actividades deben tener: interés, relevancia, expectativas y satisfacción. Para Ellis (2003), una tarea significativa deberá cumplir los siguientes criterios: conformar un plan de trabajo, estar centrada en el significado, hacer un uso real de la lengua, integrar destrezas, activar procesos cognitivos y ofrecer un producto final comunicativo. Dörnyei (2008) señala, entre otros elementos: la existencia de un desafío, contenidos conectados con los intereses de los alumnos, la aparición de elementos novedosos y elementos familiares, así como la oportunidad de competir para conseguir recompensas.

Los niños son estudiantes que, adecuadamente estimulados, participan y se involucran en los juegos y actividades, por lo que debemos aprovecharnos de esta característica para crear actividades en las que se les permita desempeñar un papel

concreto y personalizado, que los diferencie del resto y los haga sentir
Diseñar una tarea que cada día nos permita ofrecer a un estudiante
responsabilidad o liderazgo ayudará a su motivación y a canalizar su participación.

UNA PLANTILLA PARA PLANIFICAR

- Primera parte: ficha de información.

GRUPO META	Se señalan algunas características relevantes del grupo al que va destinada la clase.
Edad y nivel	Se apuntan las posibles diferencias tanto de niveles como de edades.
N.° alumnos/as	
Duración de la secuencia	Se especifica el tiempo total de la secuencia.
Objetivos	Se pueden expresar en forma de objetivos/contenidos lingüísticos, comunicativos, funcionales...
Contenidos	Pueden describirse las habilidades que los alumnos van a desarrollar; las tareas que se espera que sean capaces de hacer; los contenidos culturales, transversales, que se van a trabajar; las actitudes y valores que se quieren incluir.
Materiales	Se detallan los recursos, fichas, actividades de manuales, etc., que se van a necesitar a lo largo de la secuencia.
Anticipación de problemas	Se trata de anotar las alternativas de itinerarios, señalar la flexibilidad de algunas actividades, prever posibles cambios y modificaciones...

- Segunda parte: descripción didáctica.

TÍTULO DE LA ACTIVIDAD **a.** Segmento. **b.** Material. **c.** Tiempo. **d.** Destreza. **e.** Agrupamiento. **f.** Disposición del alumno/a	• **Tarea para el profesor:** • **Tarea para el alumno:**

En la columna de la izquierda, señalaremos el segmento al que pertenece la actividad: si es el comienzo, si forma parte de la secuencia central de la unidad o si se trata de una tarea de contextualización, de presentación de contenidos, de práctica, de distensión, de motivación del tema o sirve para introducir la siguiente actividad; o si se trata de la actividad con la que cerraremos la clase. De esta manera, dispondremos, gráficamente y de una forma clara de toda la información que necesitamos para evaluar el proceso de planificación, esto es, si estamos contemplando todos los aspectos que hemos de considerar para estructurar una buena clase.

En la columna de la derecha, describiremos el procedimiento, es decir, cómo vamos a llevar a cabo la actividad en el aula, detallando todos los pasos. Esta labor, que puede resultar tediosa al docente, resulta de gran ayuda la primera vez que la implementamos. Es aconsejable, también, separar las tareas del profesor de las tareas del alumno.

Por último, no debemos olvidar la importancia de alternar unas actividades con otras, de manera que mantengamos la coherencia y el ritmo de la clase. En la plantilla de lo que acabamos de detallar, facilitamos dos ejemplos para ilustrar algunos de los aspectos señalados:

Ejemplo: RUTINA 1 **a.** Comienzo **b.** La mascota de la clase **c.** 5 min **d.** Oral **e.** Grupo clase **f.** De pie en su sitio	• **Tarea para el profesor:** entra a la clase, saluda, pregunta por la fecha y por el tiempo que hace. Pregunta también a los alumnos cómo están y pide al encargado del día que se acerque a recoger la mascota de la clase. • **Tarea para el alumno:** los alumnos están de pie en su sitio; se irán sentando según el profesor les vaya preguntando cómo están y vayan respondiendo. El encargado de la clase se acerca a la mesa del profesor para recoger la mascota como responsable del día.
Ejemplo: ¿CUÁL ES VUESTRA COMIDA FAVORITA?	• **Tarea para el profesor:** hacemos la pregunta a la clase. Aprovechamos la respuesta de los alumnos para introducir la siguiente actividad.
Ejemplo: ¿CUÁL FALTA? **a.** Repaso de léxico de comida **b.** Tarjetas con el vocabulario (2 juegos) **c.** 10 min **d.** Oral **e.** Grupo clase **f.** Dos grupos; sentados en el suelo	• **Tarea para el profesor:** en grupo clase, hacemos un sondeo rápido del léxico de comida mostrando las tarjetas y repitiendo las palabras. Los dividimos en dos grupos sentados en el suelo. Le damos a cada equipo su juego de tarjetas. Les explicamos lo que tienen que hacer con un ejemplo. • **Tarea para el alumno:** los alumnos, en grupos, con las tarjetas boca abajo, quitan una sin mirarla. Levantan las otras y tienen que recordar cuál es la que falta. Así varias veces.

Para finalizar, me gustaría añadir algunas de las preguntas que en la tarea de posplanificación podrían ayudarnos a evaluar nuestro trabajo:

- ¿Se han repasado contenidos de las últimas clases?
- ¿Han tenido la posibilidad de leer, escuchar, hablar y escribir?
- ¿Han tenido la oportunidad de usar la lengua para hablar de ellos y de sus intereses?
- ¿Se han levantado y han interactuado con diferentes compañeros?
- ¿Qué ambiente había en la clase? ¿Se han divertido los alumnos?

Esperamos que este artículo nos ayude a los profesores a continuar en la creencia de que una clase bien planificada nos da seguridad y tranquilidad, lo que nos facilita la tarea de guiar y dirigir, permitiéndonos estar más pendientes de lo que sucede en el aula, entre y con nuestros alumnos. Esta, en definitiva, es la tarea del profesor: conseguir las condiciones más favorables para el aprendizaje.

BIBLIOGRAFÍA

Alarcón, C. (2007). "¿Cómo puedo mejorar mi labor docente? (III): Secuencia y ritmo de la clase". En *DidactiRed*. Disponible en: http://cvc.cervantes.es/aula/didactired/anteriores/marzo_09/032009_serie.htm.

Chica, P. (2009). "Estrategias para favorecer la motivación". En *Revista digital enfoques educativos*, núm. 37, págs. 29-34. Disponible en: http://www.enfoqueseducativos.es.

Dörnyei, Z. (2008). *Estrategias de motivación en el aula de lenguas*. Barcelona: Editorial UOC.

Ellis, R. (2003). *Task-based Language Learning and Teaching*. Oxford: Oxford University Press.

Eusebio, S. (2015). "Metodología de la enseñanza de ELE a niños". En Fernández, M. C. (coord.), *La enseñanza del español como lengua extranjera a niños: contenidos básicos para la formación del docente*, págs. 201-284. Alcalá de Henares: Servicio de Publicaciones de la Universidad de Alcalá de Henares.

Martín Peris, E. (2000). "La enseñanza centrada en el alumno. Algo más que una propuesta políticamente correcta". En *Frecuencia L*, núm. 13, págs. 3-30. Madrid: Edinumen. Disponible en: http://cvc.cervantes.es/ensenanza/biblioteca_ele/antologia_didactica/enfoque02/martin_peris.htm.

Nunan, D. (1998). *El diseño de tareas para la clase comunicativa*. Madrid: Cambridge University Press.

Orta, A. (2016). "El arte de planificar y planificar con arte". En Herrera, F. (coord.), *La formación del profesorado de español. Innovación y reto,* págs. 81-88. Barcelona: Difusión.

Richards, J. C. y Lockhart, C. (1998). *Estrategias de reflexión sobre la enseñanza de idiomas.* Cambridge: Cambridge University Press.

Schumann, J. (2000). "Perspectiva neurobiológica sobre la afectividad y la metodología en el aprendizaje de segundas lenguas". En Arnold, J.(ed.), *La dimensión afectiva en el aprendizaje de lenguas*, págs. 49-62. Madrid: Cambridge University Press.

VV.AA. (2012). "Competencias clave del profesorado de lenguas segundas y extranjeras". Madrid: Instituto Cervantes. Disponible en: http://cvc.cervantes.es/Ensenanza/biblioteca_ele/competencias/default.htm.

2

LA GESTIÓN POSITIVA DEL AULA DE ESPAÑOL PARA NIÑOS

Francisco Lara
Internationale Friedensschule Köln

En este artículo abordaremos la cuestión de la gestión del aula, enfocándola a profesores que trabajen con niños. El texto, sin aspirar a inventar nada nuevo y aceptando que la verdad absoluta no existe, pero las verdades experimentadas sí, pretende ser una propuesta metodológica y didáctica de la labor del docente que, en particular, enseñe lenguas a un público infantil. Y todo ello, desde la perspectiva de la reflexión y la observación como herramientas fundamentales que nos permitan analizar nuestra forma y estilo a la hora de gestionar positivamente el aula en nuestras clases de español con niños.

DEFINICIÓN Y PUNTO DE PARTIDA

Las definiciones sobre el concepto de **gestión del aula** son muchas y variadas, y a veces van relacionadas con la idea del **control del aula**. Algunos autores (Fontana, 1989) hacen una distinción clara entre estos dos términos, relacionando el concepto de la gestión con aspectos puramente didácticos y metodológicos de la enseñanza (planificación, programación de tareas, métodos, tipo de instrucción, etc.) y relacionando el control con aspectos como la disciplina y el comportamiento de los alumnos dentro del aula.

En mi caso, siempre asocio la gestión del aula a la metáfora de conducir un coche o, lo que es lo mismo, haciendo uso del verbo empleado por algunos hablantes de países hispanoamericanos, al hecho de **manejar**. No se puede conducir un coche sin conocer el funcionamiento de los pedales y sin respetar las normas de circulación y las señales de tráfico. Conductor, vehículo, carretera y señales están relacionados entre sí de una manera tan estrecha que, solo aprendiendo a gestionarlos de una manera conjunta, podremos conducir de manera correcta sin tener ni provocar accidentes.

Desde esta perspectiva, y en referencia al tema que nos ocupa, podemos decir que los cuatro elementos y factores fundamentales que inciden en la buena gestión del aula son el profesor, el alumno, los recursos y el aula, entendida esta, como el lugar físico en el que los procesos cognitivos inherentes a la enseñanza y al aprendizaje tienen lugar.

Teniendo en cuenta todo esto, la gestión del aula podría definirse como la **habilidad del profesor** para crear una atmósfera afectiva de trabajo y gestionar todos los recursos pedagógicos y materiales de los que dispone con el fin de conseguir los objetivos marcados y fomentar el desarrollo cognitivo, afectivo y social de los alumnos.

EL PROFESOR COMO GESTOR POSITIVO DEL AULA Y LOS RECURSOS

La gestión del aula, asumiendo una premisa básica y fundamental como es la profesionalidad y la adecuada formación del enseñante, es responsabilidad del profesor y, por ello, es la persona que debe tomar las decisiones y poner en práctica todas las acciones a su alcance para la correcta y efectiva gestión del aula. Y todo ello, a ser posible, desde la perspectiva del optimismo pedagógico al adoptar su papel de gestor positivo del aula.

Aunque es evidente que hay clases, grupos ¡y alumnos! más fáciles de gestionar o manejar que otros, una de las principales diferencias existentes entre un profesor con experiencia y otro sin ella es la cantidad de opciones y variables ya conocidas y experimentadas de las que dispone ante una situación concreta de aula. Sin embargo, con mayor o con menor experiencia, serán la reflexión autocrítica y la formación continua las claves fundamentales que nos faciliten la mejora y el conocimiento de técnicas y recursos para gestionar positivamente el aula y nos ayuden a potenciar y usar nuestras habilidades como gestores eficaces de la clase.

En un aula con niños, el profesor deberá tomar decisiones, como seguir o parar una actividad, llamar la atención a un alumno, agrupar o desagrupar a niños, reconducir una tarea, entre otras. Sin embargo, lo verdaderamente difícil será encontrar la opción adecuada para cada fase, momento y situación de aprendizaje y, sobre todo, saber actuar de manera justa, eficiente y positiva.

Como es lógico, el profesor es el encargado de preparar y seleccionar los recursos y materiales que se van a emplear en las clases. En el caso de la enseñanza de español a niños, no deberían faltar en el aula manuales de calidad acordes con los niveles y edades de los alumnos, libros de lectura y diccionarios ilustrados para fomentar la autonomía en el aprendizaje y una amplia y variada selección de juegos didácticos, que potencien el factor lúdico en la enseñanza y el aprendizaje de lenguas con los más pequeños.

IDEA PARA PONER EN PRÁCTICA:

Pide a algún compañero que te grabe en vídeo mientras das clase y saca conclusiones después del visionado. Lo ideal sería que recibieras *feedback* de otros profesores para poder intercambiar y comentar los resultados. Ya sabes: cuatro ojos ven siempre más que dos.

LAS TRES ERRES: REGLAS, RUTINAS Y RITUALES

Las normas y las reglas son importantes cuando se trabaja con niños. Las normas dentro del aula deberían ser explícitas, sencillas y realizables y lo ideal sería que fueran consensuadas con los niños. Lo fundamental sería establecerlas desde la primera semana del curso y mantenerlas hasta que acabe, si bien tampoco es una mala idea cambiar alguna de ellas o reformularlas si profesor y alumnos lo consideran necesario. Aunque no podríamos afirmar que sea la tónica general, puede pasar que a veces los alumnos no tengan claras las reglas, los límites ni lo que se espera de ellos en cuanto a comportamiento. Por esta razón, disponer de normas efectivas de convivencia que regulen los comportamientos más frecuentes sería de desear, simplemente por cuestiones logísticas de sentido común para el buen funcionamiento de la clase, y así no recurrir a argumentos autoritarios o de control de la disciplina de los alumnos. Unas reglas del juego claras desde el principio nos ayudarán a solucionar muchos problemas puntuales.

Igual de importantes que las reglas son los efectos derivados de su incumplimiento, dado que es responsabilidad del profesor actuar consecuentemente y de manera justa. Una buena práctica es la de confeccionar carteles con la ayuda de los alumnos para colgar en las paredes del aula, en los que queden bien visibles y recogidas las reglas y normas de la clase, así como las consecuencias derivadas de su incumplimiento. Por supuesto, tampoco hay que olvidar hacer comentarios sobre el comportamiento adecuado de los niños con expresiones como "muy bien, fantástico, estás mejorando día a día", y premiarlos con una pegatina, un globo, diez minutos extra de juego, llevarse a casa la mascota o marioneta de la clase o recompensas de este tipo. En este sentido, la clave está en dedicar mucho más tiempo en clase a introducir mensajes y estímulos de valoración y reconocimiento positivos a los alumnos que respetan las normas y no tanto en reprimir a los alumnos que no lo hacen.

Por otro lado, las rutinas y rituales, entendidos como una sucesión ordenada de actividades, tareas y movimientos que se repiten y se hacen regularmente, siempre de la misma forma y en determinados momentos de la clase, son prácticas que proporcionan seguridad a los niños en el aula y que van acompañadas, generalmente, de movimientos, gestos y reacciones esperadas por el niño. Para delimitar y marcar fases en el aula, es interesante usar rituales y rutinas como, por ejemplo, empezar y terminar la clase con una canción, realizar un mismo movimiento o juego entre actividades o tocar una campanilla. Gestos como dar unas palmadas, levantar la mano o llevar el dedo a los labios para indicar a los alumnos que deben guardar silencio son rituales que pueden ayudarte igualmente en el manejo de la clase de una manera muy positiva y efectiva.

IDEA PARA PONER EN PRÁCTICA:

Haz un póster de actitudes positivas con las fotos de tus alumnos, o simplemente con sus nombres. Regularmente, valora las actitudes y los comportamientos positivos y pega pósits de colores con comentarios del tipo: "Has levantado la mano siempre que quieres decir algo, has devuelto el diccionario a la estantería, has trabajado muy bien con tu compañero o has ayudado a tus compañeros".

LA IMPORTANCIA DE UNAS INSTRUCCIONES CLARAS

Si los alumnos nos preguntan frecuentemente qué hay que hacer es porque algo está fallando con las instrucciones y consignas que les estamos dando. En cuanto a este tema, no hay que subestimar la importancia de dar instrucciones de una manera correcta, clara e inequívoca. Es necesario prepararlas con antelación y pensar bien cómo se van a explicar, dado que el hecho de no entender una tarea puede influir directamente en el comportamiento y la actitud del niño.

IDEA PARA PONER EN PRÁCTICA:

Como sugerencia, prueba a dar las instrucciones y consignas apoyándote en los gestos y en el lenguaje corporal. Usa pictogramas y ayudas visuales para reforzar la comprensión de las instrucciones que se dan en una clase con niños y para que puedan visualizar conceptos como **leer**, **escribir**, **en parejas**, **recortar**, etc. Al mismo tiempo que explicas la actividad, puedes ir pegando los pictogramas en la pizarra como recordatorio de los pasos e instrucciones.

EL AULA

El aula, entendida como espacio y elemento facilitador del aprendizaje, es uno de los elementos de la gestión de la clase más importantes, sobre todo cuando se trabaja con los más pequeños. La clase ha de ser concebida como un laboratorio de aprendizaje confortable y seguro, en el que los niños tendrán la posibilidad de experimentar, descubrir, equivocarse y participar activamente en el desarrollo de sus capacidades afectivas, sociales y cognitivas, así como en sus propios procesos de aprendizaje. O, como me gusta decir, el aula tendría que ser como un restaurante: un lugar en el que los sabores los gestiona el cocinero, en este caso el profesor, pero en el que los clientes, nuestros alumnos, deberían sentirse cómodos con la decoración y el mobiliario para querer volver y repetir la experiencia gastronómica. Algunos estudios neurológicos demuestran que cuando los clientes se sienten cómodos consumen con mayor placer. Y lo mismo diríamos del aprendizaje. Una práctica de aprendizaje en la que los alumnos se sientan a gusto ayudará a que estos aprendan quizás no más, pero sí con una mayor motivación y disposición para hacerlo.

Por consiguiente, el aula y la distribución de sus espacios no debería ser un tema puramente decorativo o fruto de la casualidad o el gusto, más o menos personal, del profesor, ya que factores como el mobiliario, la decoración, los colores, la disposición de las mesas y las sillas deben ser objeto de una cuidadosa gestión y planificación según las necesidades del grupo y acorde con los criterios pedagógicos y metodológicos del enseñante. El espacio, como indica Moll (1992), tiene una gran influencia en el proceso de aprendizaje, y los criterios metodológicos que prevalezcan en el proyecto educativo quedarán reflejados en el ambiente y en la organización de la actividad dentro del aula. Un claro ejemplo de esta aserción sería el caso de aulas excesivamente decoradas y con muchos colores y elementos visuales, que podrían perturbar especialmente a alumnos con problemas de atención y concentración.

Como referencia, Martín (2000) propone tres características fundamentales a la hora de organizar el aula y los espacios:

- que esté pensada para los niños,
- que sea polivalente y funcional y
- que resulte agradable para los sentidos.

En otras palabras, una buena iluminación y acústica, una temperatura bien regulada, una buena visibilidad por parte de los alumnos desde todos los lugares, suficiente superficie de pizarra (interactiva o no), un mobiliario seguro, que se pueda desplazar y que favorezca el movimiento de los niños y el profesor, algunos rincones de aprendizaje agradables con alfombras, peluches y cojines y un rincón biblioteca en español con diccionarios visuales, libros y juegos serían los cimientos básicos para construir el espacio físico del aula de español para niños.

IDEA PARA PONER EN PRÁCTICA:

Los cojines y las alfombras no deberían faltar en un aula donde hay niños. Con la ayuda de almohadones puedes gestionar fácilmente los agrupamientos y las dinámicas de las actividades. Distribuye estos elementos por la clase según hayas planeado (separados, dos juntos o dispuestos en círculos) e indica a los niños que se sienten en ellos.

LA POSICIÓN EN EL AULA

En referencia a la cuestión de la posición, hay que tener en cuenta que la docencia con niños es una forma de trabajo muy activa y requiere mucha energía. Por ello, hay que tomar conciencia de la necesidad de sentarse más a menudo durante las clases. Las posiciones básicas en el aula con niños son las siguientes:

- sentado en la silla del profesor, delante de la pizarra o entre los niños;
- sentado en el suelo con los niños;
- de pie, deambulando por toda la clase.

La primera, sentado, la adoptamos cuando los niños están trabajando en sus tareas, de forma silenciosa, autónoma o colaborativa, realizando una lectura en voz alta, jugando entre ellos o trabajando individualmente, pero interactuando con sus compañeros. Con ello, evitaremos estar moviéndonos por la clase, desconcentrándolos con nuestras idas y venidas, y, lo más importante, ahorraremos energía. Teniendo en cuenta que los niños se levantarán en algún momento, es mejor que sean ellos los que vengan a nosotros. Otra de las ventajas de esta posición, siempre y cuando la mesa del profesor esté bien ubicada, es la buena visibilidad con respecto a todos los niños de la clase. En particular, encuentro muy positiva e integradora la práctica de sentarse entre los alumnos mientras estos realizan las tareas. De esta forma, se crea un ambiente muy cercano y afectivo que a los niños les encanta.

La segunda posición, sentado en el suelo con los niños, es una posición que yo denomino "la gallina y sus polluelos". Sirve para captar mejor la atención de los niños, presentar un tema, leerles un cuento o participar en juegos de una manera muy controlada.

La última es una posición que nos permitirá ir comprobando cómo van trabajando los alumnos y poder así atender sus necesidades de forma individual. En este caso, lo mejor sería hablar con los alumnos con una voz muy suave y agachados para ponernos a la altura visual de los niños.

En definitiva, la máxima es ahorrar toda la energía que podamos y, aunque parezca un poco exagerado el comentario, es importante cuidarse físicamente, beber agua, alimentarse bien y descansar. Trabajar para un público infantil es una labor tremendamente física y, si no nos encontramos bien o estamos demasiado cansados, será un poco más complicado manejar la clase. Así que come bien, haz ejercicio y piensa en tu salud.

IDEA PARA PONER EN PRÁCTICA:

Aunque muchos niños pequeños prefieren situaciones y actividades rutinarias que les den seguridad y estabilidad, otros necesitan algún tipo de variedad para mantener el interés y la curiosidad. Por esta razón, prueba a cambiar la disposición de las mesas, las sillas, algunos elementos del mobiliario o simplemente la posición de los alumnos de vez en cuando para abrir expectativas sobre lo novedoso y contribuir a un cambio positivo en la dinámica y la motivación de los niños.

BIBLIOGRAFÍA

Alonso, E. (1994). *¿Cómo ser profesor/a y querer seguir siéndolo?* Madrid: Edelsa.

Alves de Mattos, L. (1963). *Compendio de didáctica general.* Buenos Aires: Kapelusz.

Dunbar, C. (2004). *Best Practices in Classroom Management.* Michigan: Michigan State University.

Fontana, D. (1989). *La disciplina en el aula. Gestión y control.* Madrid: Santillana.

Froyen, L. A. e Iverson, A. M. (1999). *Schoolwide and Classroom Management: The Reflective Educator-Leader*. Upper Saddle River: Prentice-Hall.

Martín, L. (2000). *Espacio y juego*. Barcelona: Praxis.

Moll, B. (1992). *La escuela infantil de 0 a 6 años*. Madrid: Anaya.

Robertson, J. (2005). *Effective Classroom Control*. Londres: Hodder and Stoughton.

Vaello, J. (2011). *Cómo dar clases a los que no quieren*. Barcelona: Graó.

Zabalza, M.A. (1996). *Calidad en la educación infantil*. Madrid: Narcea.

3

MALETÍN DE PRIMEROS RECURSOS PARA EL AULA DE IDIOMAS CON NIÑOS

Manuela Mena
The Language House

Aún recuerdo mi primera clase con niños. Recuerdo bien cómo preparé con gran esmero y emoción mi primera sesión: contenidos, objetivos, materiales, libro de texto y algún que otro juego para sorprender a un público que ya se barruntaba exigente. También hoy recuerdo cómo los nervios que sentía los días previos a mi debut no fueron nada comparable a la frustración que sentí transcurridos los primeros diez minutos de clase: gritos, risas nerviosas, carreras frenéticas, niños deambulando y jugando a su antojo por el aula. Un panorama verdaderamente desolador. Aquellos niños habían conseguido noquearme en el primer asalto.

Cuando todos los alumnos se hubieron marchado, me quedé mirando mi libreta de notas y leí, por enésima vez, aquella sesión que tan a conciencia había planificado procurando integrar toda la teoría que había aprendido en mis años de universidad sobre el aprendizaje en edades tempranas. "¿Qué ha podido ir mal?", me preguntaba una y otra vez revisando las notas de mi cuaderno.

De repente, me di cuenta de lo que se me había pasado por alto: el hecho de que los niños son eso, niños; aprendices impredecibles y exigentes que no entienden de enfoques pedagógicos, ni metodologías, ni contenidos curriculares, ni objetivos, y que de lo único que saben es de jugar, de imaginar, de experimentar emociones y sentirse queridos, respetados e importantes para las personas que forman parte de sus vidas.

Pronto comprendí que la única forma de llegar a mis alumnos pasaba por conocer sus fortalezas y debilidades, su elemento Robinson, 2011), sus intereses y sus experiencias vitales para, de esta forma, construir un puente emocional de entendimiento y complicidad entre ambas partes. Ahora bien, ¿cómo lograr alzar este puente, conseguir su atención, compromiso y desarrollo integral, hacer del aprendizaje algo placentero y cumplir con los objetivos curriculares? Presta buena atención, querido lector, porque en los próximos apartados vamos a darte algunas pistas para que puedas dar respuesta a la cuestión planteada.

BUSCANDO INSPIRACIÓN PARA CONFIGURAR NUESTRO MALETÍN DE PRIMEROS RECURSOS

Es importante, además de enseñar a nuestros alumnos los contenidos lingüísticos propios de la L2, preocuparnos por otros aspectos, como promover diferentes habilidades de pensamiento (Bloom, 1956), motivarlos a aprender haciendo (Dewey, 1967), desarrollar sus talentos y su potencial creativo. Para ello, es fundamental crear contextos de aprendizaje reales y significativos para el alumno, que promuevan la curiosidad y la indagación, y en los que el proceso de aprendizaje sea tan importante como el resultado, como reivindican las escuelas Waldorf y Montessori.

A fin de lograr estos objetivos, el docente ha de plantearse el tipo de materiales y recursos empleados en el aula, dependiendo siempre del perfil de alumnos. A continuación, vamos a proponerte una serie de recursos con su correspondiente explotación didáctica, que te inspirarán para llevar al aula materiales atractivos y motivadores con gran valor pedagógico y que conseguirán hacer volar tu imaginación y desarrollar la creatividad de tu alumnado.

BUSCANDO INSPIRACIÓN EN MATERIALES MANIPULATIVOS

Un recurso de gran importancia en el aula son los bloques de construcción y los materiales manipulativos. Además de servir a diferentes propósitos lingüísticos en el aula de idiomas, este tipo de recursos ayuda a la integración sensorial del niño y a comprender conceptos más complejos a través de la manipulación (Montessori, 1948), al desarrollo de la inteligencia visoespacial (Gardner, 1993), al desarrollo de la motricidad fina y a trabajar la coordinación ojo-mano. Materiales como los Legos, los puzles, las piezas de construcción, las regletas de Cuisenaire, las piezas de ensartar, la plastilina, los recortables, los sellos de caucho o los tangrams constituyen alternativas estupendas para el aula de idiomas.

- Regletas de Cuisenaire: este recurso puede servir para crear árboles genealógicos, líneas del tiempo, aprender las formas, los números o trabajar operaciones matemáticas sencillas.
- Piezas de construcción y tangrams: los alumnos construyen formas o letras a partir de una imagen o unas instrucciones determinadas. De esta manera, conseguimos que el alumno manipule e interiorice un léxico específico, la forma de las letras del abecedario, las formas geométricas, etc.

- Legos: con este material, los alumnos trabajan la conciencia fonológica y la formación de palabras encajando diferentes piezas que contengan letras o palabras escritas.
- Puzles: este recurso sirve para ayudar a los alumnos a encajar expresiones idiomáticas escritas sobre las diferentes piezas, o a trabajar el significado de determinadas palabras o conceptos uniendo la palabra escrita con su imagen correspondiente.
- Sellos de caucho: los sellos de caucho con letras y formas variadas constituyen un excelente recurso para ayudar a los más pequeños a manipular el léxico. Con los sellos de letras, los alumnos pueden formar palabras sencillas para trabajar la conciencia fonológica y aprender la relación grafema-fonema. Por su parte, los sellos con formas y dibujos variados pueden utilizarse para que los alumnos realicen mapas conceptuales, hagan lluvias de ideas, agrupen el léxico por campos semánticos de forma visual o, incluso, para que completen historias o textos.

A la hora de llevar al aula este tipo de recursos, conviene escoger aquellos que mejor se adaptan no solo al contenido lingüístico que se quiera trabajar, sino también al desarrollo motor de nuestros alumnos. Por ejemplo, una actividad en la que los alumnos tengan que engarzar piezas pequeñas con letras para formar palabras no funcionará con alumnos que aún no controlan las habilidades motoras finas básicas.

BUSCANDO INSPIRACIÓN EN LOS JUEGOS DE MESA

"El juego emociona; sin emoción no hay aprendizaje" (Marín, I. 2014). Gracias al juego, los niños exploran diferentes emociones, aprenden a interpretar y a comprender el mundo que los rodea y desarrollan herramientas necesarias para poder enfrentarse a problemáticas futuras. El juego facilita el aprendizaje, desarrolla la creatividad y facilita la socialización.

Muchos juegos de mesa ayudan a desarrollar las **habilidades lingüísticas** (Pasapalabra, Scattergories, Story Cubes, Dixit, Tabú), la **memoria** (Memory), el **pensamiento visual** (Adivina la secuencia, Pictionary, Dobble, Lince, Concept, Creationary), la **empatía** (Ikónikus, Emotiblocks), el **pensamiento lógico** (Quién es quién, Cluedo) o el **pensamiento creativo** (Disruptus).

No obstante, a la hora de llevar un juego de este tipo al aula, sobre todo con niños, hay que tener muy claros los siguientes aspectos: los contenidos y habilidades lingüísticas de la L2 a trabajar, las habilidades de pensamiento que se quieren promover (Bloom, 1956), la edad, las destrezas motoras, la capacidad de atención, el tamaño del grupo y los propios materiales del juego.

En muchos casos será necesario llevar a cabo un pequeño proceso de adaptación del juego original para personalizarlo y adaptarlo al propósito didáctico de la lección, al nivel de L2 de los aprendices, al tamaño del grupo o, incluso, a las habilidades motoras de los niños, ya que, sobre todo en niveles de infantil y los primeros cursos de primaria, muchos niños no poseen una buena motricidad fina, lo que les impide agarrar tarjetas, fichas, dados, etc., con un tamaño demasiado pequeño o excesivamente grande.

BUSCANDO INSPIRACIÓN EN LOS ARTÍCULOS DE OFICINA Y EN... ¡¿LA BASURA?!

Las bricopropuestas didácticas desarrolladas para el presente apartado están pensadas para motivar a tus alumnos a aprender haciendo (Dewey, 1967), además de desarrollar su creatividad y conciencia medioambiental.

- Líneas del tiempo: los alumnos crean sus propias líneas del tiempo con pósits a partir de la lectura o la escucha de audios sobre inventos, acontecimientos históricos u otras historias inventadas. Cada alumno recibe un taco de pósits y, mientras escucha o lee el texto, escribe o dibuja los acontecimientos más importantes de la historia en las notas adhesivas -un acontecimiento por pósit. Cuando han terminado de completar los pósits, forman la línea del tiempo y vuelven a contar la historia con sus propias palabras a partir de los acontecimientos que anotaron/dibujaron en sus notas.
- Redes sociales analógicas: los alumnos de cursos avanzados de primaria pueden mandar tuits en plantillas diseñadas por ellos mismos. La idea es hacer de una de las paredes del aula la interfaz de Twitter, donde los alumnos puedan dejar mensajes breves al profesor o a otros compañeros. La misma idea podría hacerse para otras redes, como Telegram, WhatsApp, Facebook o Instagram, o simplemente con breves correos electrónicos. Otra forma de utilizar las plantillas de Twitter podría ser para resumir textos aprovechando el límite de caracteres.
- Minilibros con formas: los alumnos crean su propio minilibro de papel con la forma del elemento central de la historia. Por ejemplo, si el tema central es un animal o un árbol, el alumno diseña una plantilla con la forma del animal o del árbol para crear su libro, donde, posteriormente, desarrollará una historia o un breve trabajo de investigación en torno a ese elemento central seleccionado. Este tipo de actividad funciona muy bien en el enfoque AICLE, ya que podría

utilizarse como soporte de un proyecto de investigación interdisciplinar, en el cual los alumnos tengan que recopilar y gestionar información, anotar observaciones, hacer predicciones y desarrollar sus conclusiones.

- Caligramas y jeroglíficos: utilizando plantillas o reglas con formas variadas, los alumnos escriben frases breves o minihistorias alrededor de la forma y que tengan que ver con ella. Si, por ejemplo, la forma elegida es una bicicleta, los alumnos pueden escribir frases referidas a los sitios adonde van con su bicicleta o sobre la primera bicicleta que tuvieron. Como alternativa, también se les puede pedir que hagan una lluvia de ideas y anoten dentro todas las palabras que se les ocurran y que estén relacionadas con esa forma.

- Barajas de cartas por categorías: utilizando folios de colores, rotuladores, recortes, pegatinas, etc., los alumnos pueden crear sus propias barajas de cartas por temáticas para repasar el léxico y las estructuras gramaticales de las unidades del curso. El profesor puede también pedir a los alumnos que inventen sus propios juegos por parejas o equipos para realizar pequeñas jornadas de juegos de mesa.

- Juegos de tablero: los alumnos fabrican su propio juego de tablero para repasar contenidos empleando planchas de cartón, retales de pegatinas y cartulinas, recortes de revistas, periódicos, cuentos viejos o catálogos de la compra.

- Cámara de fotos para gymkhana: los alumnos fabrican una cámara de fotos con trozos de cartón y llevan a cabo una yincana fotográfica por su ciudad. Durante el recorrido, los alumnos toman fotos imaginarias de los lugares más emblemáticos. Las fotos imaginarias son, en realidad, dibujos que hacen ellos mismos de estos lugares, a los que tendrán que ponerles nombres y describir en la lengua meta. Si se desea, también se les puede pedir a los alumnos que escriban detrás de cada ilustración cómo les hacen sentir los diferentes rincones de su ciudad.

- Avatares analógicos: materiales como marionetas, Legos, muñecos, calcetines viejos customizados por los propios alumnos, máscaras o muñecos de papel hechos de recortes y pegatinas pueden servir a los mismos propósitos que un personaje creado con una aplicación digital. Para darle un valor añadido a esta actividad, el alumno puede crear una pequeña historia, grabar su voz o realizar una pequeña puesta en escena. El objetivo de crear un avatar no es otro que el de crear una identidad imaginaria y una narrativa para ese *alter ego* que hará que los alumnos no se sientan tan expuestos en el aula.

- *Storyboards* analógicos: con una plancha de cartón de dimensiones considerables, unas fotos viejas, recortes de revistas y periódicos, pegatinas, burbujas de texto de papel o pequeños dibujos, los alumnos pueden crear sus propios *storyboards* y escenarios para crear sus historias. En los niveles superiores de primaria, este tipo de actividad funciona muy bien para trabajar el tema de las biografías de personajes famosos, las etapas vitales y los tiempos verbales de pasado con sus marcadores temporales correspondientes.

- Visualnario, o cómo hacer un diccionario visual reciclado: con hojas de papel en sucio o desechado, una caja pequeña de zapatos, catálogos de compra y viejas revistas, los alumnos pueden crear su propio diccionario visual e ir ampliando su léxico de forma original, divertida y manipulativa. Cada semana, los alumnos seleccionan su palabra favorita de la unidad, la anotan en un trozo de papel, escriben una breve definición, ejemplo, sinónimo o alguna cualidad que la defina y la ilustran con un dibujo o una imagen de algún catálogo o revista. Es importante controlar el trabajo de los alumnos y asegurarse de que van guardando las palabras por orden alfabético. Cada cierto tiempo se puede realizar un pequeño juego tipo Pasapalabra con las palabras anotadas por los alumnos para revisar el vocabulario.

- Memory para despertar los sentidos: para trabajar la memoria y el léxico de forma visual, el juego del Memory constituye una alternativa genial. Se puede diseñar un Memory de emociones personalizado con fotos de los alumnos que muestren diferentes emociones, o también un Memory para trabajar la comida o la ropa utilizando recortes de catálogos de compra, revistas o periódicos. No obstante, aunque este tipo de juegos de memoria suelen ser visuales, también se pueden diseñar de aromas y texturas. Por ejemplo, para el Memory de aromas, el profesor prepara seis objetos con un olor muy característico –naranja, kiwi, goma de borrar, flor, páginas de un libro, perfume–. Con los ojos vendados, los alumnos tienen que oler los diferentes objetos que les va pasando el profesor para formar parejas. Se procedería igual para el Memory de texturas.

- Compra por catálogo: utilizando viejos catálogos y un par de teléfonos móviles, los profesores pueden crear un contexto de aprendizaje ideal para practicar la producción oral y la comprensión auditiva marcado por el humor y el juego. El alumno A recibe una lista de la compra con algunos artículos, un presupuesto (de compra) y un teléfono móvil. Otro alumno, el alumno B, recibe el catálogo de productos con los precios y otro teléfono móvil. A deberá llamar a B para solicitar información sobre precios y, ajustándose a su presupuesto y a la lista de la compra dada, realizar la compra vía telefónica. Es importante que A y B estén en diferentes habitaciones. Es importante también que el profesor prepare varias listas de compra y presupuestos cuidadosamente, así como los teléfonos y catálogos antes de llevar a cabo la actividad en el aula. Por supuesto, la actividad admite adaptaciones, según el nivel y edad del grupo. Por ejemplo, para niveles más bajos, la idea de incluir un presupuesto puede complicar la actividad.

- Cajas con historia: el profesor introduce en una caja de zapatos diferentes objetos: Legos, marionetas de dedo, monedas, llaves, clips, flores secas o cualquier otro objeto que pueda resultar de interés para los alumnos. Es importante que el profesor no muestre el contenido de la caja a los alumnos durante la actividad. El objetivo es trabajar la narración de historias a partir de entradas aleatorias que, de alguna manera, ayuden a los alumnos a trabajar el léxico mientras desarrollan su imaginación, pensamiento visual y su lengua meta. El profesor comienza la narración sacando uno de los objetos de la caja al azar. Transcurrido un tiempo, la caja pasa a un alumno, quien deberá abrir en secreto la caja, coger otro objeto al azar y continuar la historia que el profesor comenzó. Todos los alumnos deben aportar su parte a la historia empleando uno de los objetos de la caja. Los alumnos también pueden crear sus propias "cajas con historia" con elementos que tengan un especial significado para ellos.

BUSCANDO INSPIRACIÓN EN LA NATURALEZA

Como señalamos en apartados anteriores, las actividades propuestas en este artículo persiguen un doble objetivo: trabajar la lengua meta y conseguir el desarrollo integral del alumno. Parte de ese desarrollo integral consiste en estimular sus inteligencias (Gardner, 1993).

En este apartado vamos a proponer algunas ideas para trabajar la inteligencia naturalista, la última inteligencia propuesta por H. Gardner en 1995. Esta inteligencia, estrechamente relacionada con las inteligencias lógico-matemática y visoespacial, se describe como la capacidad de percibir las relaciones entre las especies y grupos de objetos y personas reconociendo las posibles diferencias o semejanzas entre ellos. Veamos algunas ideas para trabajar la L2 potenciando esta inteligencia:

- Hoja de registro: los alumnos crean su propia hoja de registro de reconocimiento de formas en elementos de la naturaleza como piñas, rocas, palos, hormigas, etc. Por ejemplo, al lado de la casilla que marca un círculo, el alumno deberá indicar cuántos elementos circulares ha encontrado durante su paseo, dibujarlos y escribir los nombres. Por ejemplo, si ha encontrado una margarita y una roca, deberá indicar dos formas circulares, dibujarlas y anotar sus nombres.

- *Scrapbook* cuatro estaciones: libro de recortes y de elementos de la naturaleza para trabajar las estaciones del año. Los alumnos elaboran su propio libro de las estaciones a partir de elementos de la naturaleza, recortes u otros materiales pertinentes. Al final de cada semana, los alumnos actualizan sus cuadernillos con las cosas que han ido recolectando durante la semana. Cuando termina el año, los alumnos presentan sus trabajos al resto de la clase y hacen una pequeña comparativa de cuáles son las características principales de cada estación: el color de las hojas, las flores, los frutos propios de cada estación, la ropa, el tiempo, etc.
- Tomando medidas: para introducir conceptos matemáticos básicos y las unidades de medida en el aula de idiomas, una buena idea puede ser salir de excursión al parque, recolectar elementos de la naturaleza y llevarlos a clase para pesarlos y medirlos. El profesor puede preparar una hoja de registro donde los alumnos tomen nota de su peso y sus dimensiones y realicen un pequeño boceto de los elementos recolectados. Si se desea, también se pueden trabajar las comparaciones y los adjetivos.

CONCLUSIONES

Ha llegado el momento de ponerle punto final al presente artículo y cerrar nuestros maletines, aunque no sin antes hacer una breve reflexión sobre los **imprescindibles** que hemos ido metiendo a fin de proporcionar los recursos necesarios para trabajar la L2 y ayudar a los alumnos a mejorar su desarrollo cognitivo y emocional.

Estas propuestas conseguirán que el docente ubique al alumno en el centro de su propio aprendizaje (Montessori, 1948), logre emocionarlo (Mora, 2013) a partir de contenidos personalizados e individualizados, atienda todos los estilos de aprendizaje (Kolb, 1984), estimule todas las inteligencias (Gardner, 1993), trabaje las diferentes habilidades de pensamiento y cree contextos en los que los alumnos aprendan tomando sus propias decisiones y experimentando (Dewey, 1967). No obstante, llevar estas propuestas a la práctica en la realidad del aula requerirá un ejercicio de adaptación consciente por parte del profesor, que dependerá de las exigencias del currículo y las necesidades de sus aprendices.

BIBLIOGRAFÍA

Bloom, B. S. (1994). "Bloom's taxonomy: A Forty-Year Retrospective". En Rehage, K., Anderson, L. y Sosniak, L. (eds.), *Yearbook of the National Society for the Study of Education*, 93 (2). Chicago: National Society for the Study of Education.
Chambers, G. (1999). *Motivating Language Learners.* Clevedon: Multilingual Matters.

Claxton, G. (2008). *What's the point of school?* Oxford: Oneworld Publications.

Dewey, J. (1967). *Experiencia y educación.* Buenos Aires: Losada.

Gardner, H. (1993). *Frames of Mind* (2.ª edición). Londres: Fontana Press.

Kolb, D. A. (1984). *Experiential Learning: Experience as the Source of Learning and Development* (vol. 1). Englewood Cliffs: Prentice-Hall.

Marín, I. (2014). "El juego es emoción, y sin emoción no hay aprendizaje". En *Tiching Blog.* Disponible en: http://blog.tiching.com/imma-marin-el-juego-es-emocion-y-sin-emocion-hay-aprendizaje/.

Montessori, M. (1948). *From Childhood to Adolescence.* NuevaYork: Schocken Books.

Mora, F. (2013). *Neuroeducación.* Madrid: Alianza Editorial.

Pound, L. (2014). *How Children Learn: Educational Theories and Approaches - from Comenius the Father of Modern Education to Giants Such as Piaget,Vygotsky and Malaguzzi.* Londres: Practical Pre-School Books.

Robinson, K. (2011). *El elemento.* Barcelona: Debolsillo.

ENSEÑANDO ELE A NIÑOS EN UN ENTORNO AFECTIVO

María Martín y Laura Zuheros
The British House y el Instituto Cervantes de Pekín

Hace algún tiempo, Javier tenía nueve años y estudiaba en un colegio público del sur de Madrid. Un día, su profesor les pidió a él y a sus compañeros de clase que prepararan el dibujo de un paisaje. Según iban terminando, los niños se levantaban para enseñar sus trabajos al profesor. El docente los observaba y realizaba los comentarios oportunos. Cuando Javier terminó su dibujo, se dirigió hacia la mesa del maestro. Al ver el resultado del trabajo, el profesor cambió el gesto, hizo una bola de papel y tiró el dibujo a la papelera. Sin entender nada, Javier volvió a su sitio y se sentó. Unos segundos después, el docente cogió la bola de papel, la estiró y la mostró al grupo. "¿Creéis que esto es un paisaje? ¿Pensáis que se puede entregar algo así?". Entre comentarios y risas de algunos de los niños, el profesor rompió el dibujo y volvió a tirarlo a la papelera. Javier permaneció quieto en su pupitre, callado e incapaz de reaccionar.

Varias décadas después de aquel acontecimiento, Javier sigue sin entender por qué su dibujo provocó esa reacción. Hoy, convertido en profesor y músico, considera que aquel momento marcó, en cierto modo, algunos aspectos de su personalidad y esa ligera inseguridad que aún lo acompaña cuando se enfrenta a los estudiantes o al público.

No es el objetivo de este artículo abordar aspectos cercanos al ámbito de la psicología, sino realizar una aproximación a la importancia de la afectividad en el proceso de enseñanza-aprendizaje, especialmente en el aula de niños. Por fortuna, la mayoría de los docentes actuales se aleja bastante del modelo autoritario y jerárquico de hace algunos años, pero es importante reflexionar de manera explícita sobre la incidencia de elementos afectivos en la adquisición de una lengua extranjera.

El componente afectivo juega un papel indiscutible en el aprendizaje de idiomas. Numerosos estudios (Gardner, 1991; Goleman, 1995; Damasio, 1994; Elster, 1999; Arnold, 2006) corroboran que una actitud positiva por parte del alumno, su motivación, la confianza que tiene en sí mismo y en el docente y una buena relación con el resto de aprendientes proporcionan un entorno más efectivo para el aprendizaje. En ocasiones ha existido la tendencia a pensar que los profesores que daban más importancia a elementos afectivos en el aula descuidaban, en cierta medida, el componente cognitivo. Hoy en día parece demostrado que afectividad y cognición van de la mano en el complejo proceso de adquisición de una lengua. No obstante, tampoco debemos caer en la tentación de considerar la clase de idiomas como un espacio donde los niños solo van a divertirse, sino como un lugar de aprendizaje. Encontrar el equilibrio y la conexión entre ambas vertientes es la mejor estrategia para lograr el éxito.

Una de las teorías que avalan esta afirmación es la hipótesis del filtro afectivo de Krashen, según el cual el proceso de adquisición del aprendiente se verá influido positiva o negativamente por su actitud, sentimientos, estado anímico y otros factores emotivos. Esta influencia funciona a modo de filtro, facilitando o impidiendo la comprensión del *input* en la lengua meta. Krashen distinguió la motivación, la confianza en uno mismo y la ansiedad como los tres tipos de variables afectivas o actitudinales. Un filtro afectivo bajo favorece que los aprendientes sean más receptivos, tengan mayor confianza y menos ansiedad y estén más abiertos a la comunicación y a asumir riesgos.

Resulta destacable el hecho de que tanto investigadores como docentes pongan el énfasis en la preocupación por el surgimiento y la consiguiente resolución de las emociones negativas en el aula. Damasio (1994) identificó cinco emociones principales: felicidad, tristeza, ira, temor y asco. Curiosamente, se corresponden exactamente con los protagonistas de la película de Pixar *Del revés* (2015), reciente y popular ejemplo que trasladó al gran público el tema que nos ocupa. Puede apreciarse que solo una de esas cinco emociones está asociada con lo positivo. Si bien es cierto que las sensaciones negativas tienen un gran peso porque pueden desencadenar un bloqueo en el aprendizaje, no podemos olvidar la importancia del desarrollo de las emociones positivas para contrarrestar el efecto de las primeras y crear un entorno afectivo para el aprendizaje.

A continuación, mencionaremos los factores afectivos que consideramos más relevantes atendiendo a la clasificación de Arnold y Brown (2006), que divide estos factores en individuales y de relación.

FACTORES INDIVIDUALES

En el estudio mencionado con anterioridad, se habla de diferentes factores internos que forman parte de la personalidad del alumno y pueden influir en su proceso de aprendizaje: ansiedad, inhibición, extraversión-introversión, autoestima, motivación y estilos de aprendizaje. Las diferencias más notables entre niños y adultos giran en torno a la autoestima, la inhibición y la motivación. Por este motivo, nos centraremos únicamente en ellos en este artículo.

LA AUTOESTIMA

La autoestima hace referencia a la valoración que una persona tiene de sí misma y es fruto de nuestras experiencias personales internas y con el mundo exterior. La autoestima es importante para todos, con independencia de la edad, pero es especialmente significativa para los niños, ya que es durante la infancia cuando las personas forjan una evaluación sobre su valía. Si, como afirma Ehrman (1996), la autoestima "comienza con la aprobación y la confianza de otras personas importantes", los profesores tenemos gran responsabilidad en la formación de la autoestima de nuestros pequeños alumnos.

Para poder entender mejor este concepto, volvamos a la experiencia de Javier. El niño se encontraba en plena construcción de su autoestima y el profesor ridiculizó su dibujo delante de sus compañeros sin ofrecer, además, ninguna explicación. Esa experiencia con el mundo exterior afectó a su ego y ha permanecido en su memoria desde entonces, influyéndole en cierta medida en su manera de afrontar determinadas situaciones.

LA INHIBICIÓN

La inhibición es otro factor interno que consiste en la necesidad de proteger el yo. Cuando los niños son muy pequeños, todavía no han forjado su identidad personal y, por lo tanto, no son tan conscientes de las críticas y opiniones de los demás. Por este motivo, es frecuente que actúen de manera más desinhibida en el aula y estén abiertos a realizar diferentes actividades sin tener el habitual miedo al ridículo que, en ocasiones, caracteriza a los aprendientes de mayor edad. Sin embargo, a medida que van creciendo y se acercan a la adolescencia, empiezan a identificar sus rasgos de personalidad. Es entonces cuando comienza también la preocupación por evitar amenazas a ese yo individual.

El profesor puede plantear una variedad de actividades (movimiento, juegos, canciones) que, además de formar parte del universo infantil, suelen funcionar a la perfección por la predisposición del niño a participar en ellas sin sentirse observado o analizado, como en ocasiones ocurre con los adultos. Es algo que se puede aprovechar en el aula, aunque al mismo tiempo el docente tiene que tener cuidado para que esa desinhibición propia de los niños no se transforme en inhibición por una mala experiencia.

LA MOTIVACIÓN

La motivación hace referencia al conjunto de razones que impulsan a una persona a aprender una nueva lengua. Estas razones son de diversa índole y pueden clasificarse en categorías diferentes. En este trabajo vamos a distinguir entre motivación extrínseca e intrínseca. La motivación extrínseca surge de factores externos, como el deseo de conseguir una recompensa o evitar un castigo. Por su parte, la intrínseca nace del interés personal, del placer de aprender y lograr comunicarse en la lengua objeto de estudio. A diferencia de los adultos, que a menudo suelen estudiar una lengua por razones asociadas a los estudios, el trabajo o el amor, los niños no suelen contar con este tipo de motivaciones extrínsecas. Por lo tanto, su interés por aprender un idioma extranjero deberá estar ligado a la curiosidad por la nueva lengua y cultura, que deberían verse como algo atractivo, lúdico y significativo dentro de su pequeño universo. Es responsabilidad de los profesores fomentar esa motivación intrínseca en los niños para ayudarlos a desarrollar su autonomía y estrategias que les permitan seguir progresando. Por ese motivo resulta tan importante crear un entorno seguro, cómodo y afectivo, así como ofrecer a nuestros alumnos retroalimentación positiva. Si no actuamos de este modo, correremos el riesgo de encontrar ejemplos como el de Javier, cuyo profesor fue incapaz de fomentar su motivación. Desde entonces, nunca tuvo interés por intentar progresar en el ámbito del dibujo o de las artes plásticas.

FACTORES DE RELACIÓN

LA COLABORACIÓN Y EL TRABAJO EN GRUPO

El aula de lenguas extranjeras es un lugar donde los estudiantes tienen numerosas experiencias de aprendizaje, tanto lingüísticas y culturales como sociales y afectivas. La clase supone el entorno más cercano al mundo de la lengua meta, un espacio para la comunicación en el que la colaboración adquiere gran protagonismo y donde los estudiantes deben aprender a trabajar no solo de forma individual, tan habitual en la enseñanza tradicional, sino especialmente de manera cooperativa. No obstante, los docentes debemos ser conscientes de que la edad de nuestro alumnado va a determinar su implicación en el grupo. Plantear actividades adecuadas para el nivel psicoevolutivo de los niños resulta esencial para alcanzar el éxito en el proceso de enseñanza-aprendizaje.

Rodríguez y Valera (2004) comentan las características individuales y de inteligencia de los niños, que podemos tomar como referencia. No es hasta los cuatro o cinco años cuando los niños empiezan a sentir que forman parte de un grupo. Un poco más adelante, a los cinco o seis años, la relación con los compañeros adquiere una mayor importancia, y entre los seis y los siete ya pueden realizar un trabajo cooperativo sin especial dificultad. El conocimiento de estas capacidades ayudará a que el profesor pueda realizar una planificación de clase adecuada a su grupo de alumnos, atendiendo a la necesidad de colaborar, pero dejando también espacios para el desarrollo individual.

LA EMPATÍA

La empatía consiste en reconocer la identidad del otro para poder comprender sus emociones de forma objetiva. Este factor es de vital importancia en el aula de idiomas, ya que será responsable de que los niños puedan ayudarse entre ellos y entender sus comportamientos y reacciones, permitiendo así una mejor convivencia. El profesor debe intentar proponer actividades que desarrollen esta capacidad de ponerse en el lugar del otro a través del trabajo colaborativo y fomentar el respeto y las actitudes positivas entre los estudiantes. Si los niños sienten que forman parte de un grupo, harán todo lo posible para mantener su pertenencia en él. No podemos olvidar que a estas edades el aula debe ser un lugar de trabajo no solo de objetivos conceptuales, sino también actitudinales.

BUENAS PRÁCTICAS DEL PROFESOR

Para convertir nuestra clase de ELE en un entorno idóneo para el aprendizaje, resulta imprescindible atender a todos los factores vistos. A modo de conclusión, presentamos un decálogo con los aspectos que debe tener en cuenta un profesor que trabaje con niños para crear en el aula un espacio adecuado para una enseñanza afectiva.

- Favorecer la empatía: el profesor debe servir como modelo de empatía. De este modo, será más fácil conseguir que los más pequeños sean capaces de ponerse en el lugar del otro y se cree en el aula un espacio de cooperación y de comunicación real.

- Ofrecer retroalimentación y refuerzo positivo: si bien este aspecto es importante con estudiantes de todas las edades, adquiere una importancia esencial cuando se trabaja con los más pequeños. Como veíamos anteriormente, la imagen que una persona tiene de sí misma empieza a formarse en la infancia. Por lo tanto, los profesores tenemos la responsabilidad de ayudar a los niños a desarrollar una autoestima fuerte.

- Realizar una planificación acorde al desarrollo psicoevolutivo de los estudiantes: el profesor de niños debe ser consciente de las actividades que puede proponer a sus estudiantes. Llevar al aula tareas que no son adecuadas para la edad de los niños puede desembocar en frustración, tanto de los alumnos como del propio profesor. Conocer aspectos como el desarrollo de las habilidades motoras o la capacidad lingüística en su propia lengua materna son esenciales para entender qué tareas podrán llevar a cabo en la clase de lengua extranjera y cuáles no. Asimismo, el docente tendrá que tener en cuenta que la capacidad de concentración en la infancia es menor que en la adolescencia y la edad adulta, por lo que deberá plantear actividades cortas para mantener el nivel de interés y atención en el aula.

- Llevar al aula actividades significativas, auténticas y motivadoras: la motivación intrínseca adquiere un papel esencial en el proceso de aprendizaje de los niños. El profesor deberá proponer actividades que resulten significativas para los niños y que estén dentro de su universo infantil. Es importante que los niños tengan un porqué para realizar las actividades propuestas por el profesor, que perciban, de forma inconsciente, un objetivo que les lleva a completar la tarea. En este sentido, resulta esencial llevar al aula técnicas como el fomento de la escucha activa.

- Ofrecer espacio para la cooperación y el trabajo individual: como se ha señalado en varias ocasiones, a partir de una cierta edad, los niños empiezan a desarrollar la capacidad de cooperación. El profesor deberá introducir en el aula el trabajo colaborativo, pero al mismo tiempo reservar espacio para el desarrollo personal. La correcta combinación de ambos tipos de actividades resulta esencial para lograr un aprendizaje efectivo.

- Diseñar secuencias donde la variedad juegue un papel protagonista: la variedad es esencial en el aula de niños. Al hablar de variedad nos referimos, por una parte, al empleo de diferentes técnicas y dinámicas. La alternancia de actividades activas con otras más relajadas es clave para gestionar el nivel de energía de los alumnos. Este aspecto resulta esencial para el profesor de niños, que debe evitar tanto el aburrimiento de sus estudiantes como la pérdida de control sobre la clase. Por otra parte, es necesario tener en cuenta la necesidad de trabajar las distintas actividades comunicativas de la lengua. Si bien es cierto que lo oral adquiere una importancia extraordinaria cuando se trabaja con niños, es necesario prestar atención al desarrollo de todas las destrezas.

- Incorporar el elemento lúdico: pocas cosas ocupan un papel más destacado en el mundo infantil que el juego. Por lo tanto, el elemento lúdico debe estar presente en el aula de niños. Frente a la enseñanza tradicional, que solía reservar a los juegos los últimos minutos de la clase, a modo de premio que se alcanzaba solo después de haber tenido un buen comportamiento, lo ideal es incorporar el componente lúdico de manera natural en nuestra secuencia didáctica. Si los niños se divierten, el aprendizaje será más efectivo.

- Recompensar el trabajo bien hecho: ofrecer recompensas a los niños para premiar su esfuerzo y sus logros puede ayudar a aumentar su motivación. No obstante, no se debe caer en el error de premiar siempre a los mismos estudiantes por el mismo tipo de capacidades. Es esencial que el profesor tenga en cuenta los distintos estilos de aprendizaje presentes en el aula y las diferentes inteligencias (teoría de las inteligencias múltiples de Howard Gardner). De este modo, todos los alumnos se sentirán valorados y tendrán incentivos para seguir mejorando. Introducir recompensas grupales para fomentar el sentimiento de grupo o hacer que los niños sientan la autorrecompensa del trabajo bien hecho son otros de los aspectos que debe tener en cuenta el docente.

- Eliminar el miedo al error: la enseñanza tradicional otorgaba al error un papel destacado. El temible bolígrafo rojo y el miedo al castigo sobrevolaba las aulas hace apenas unos años. Por suerte, esta actitud ha sido superada en la mayoría de contextos de enseñanza. Los niños no deben percibir el error como algo negativo y que debe ser evitado, sino como un elemento que forma parte del proceso de aprendizaje de manera natural.

- Convertir el aula en un espacio seguro: en definitiva, el aula de idiomas debe ser vista por los pequeños como un espacio cómodo y seguro, un lugar donde disfrutan y que sienten como suyo. Para ello es necesario dejar a un lado la rigidez de la clase tradicional y crear un ambiente de confianza. No obstante, es necesario tener en cuenta que los niños necesitan un marco que les ayude a identificar lo que se espera de ellos. Crear unas rutinas en la clase (rutina de inicio de la sesión, transiciones, cierre y despedida) ayudará a los pequeños a saber cómo actuar en cada momento, especialmente cuando se trata de una clase de lengua extranjera.

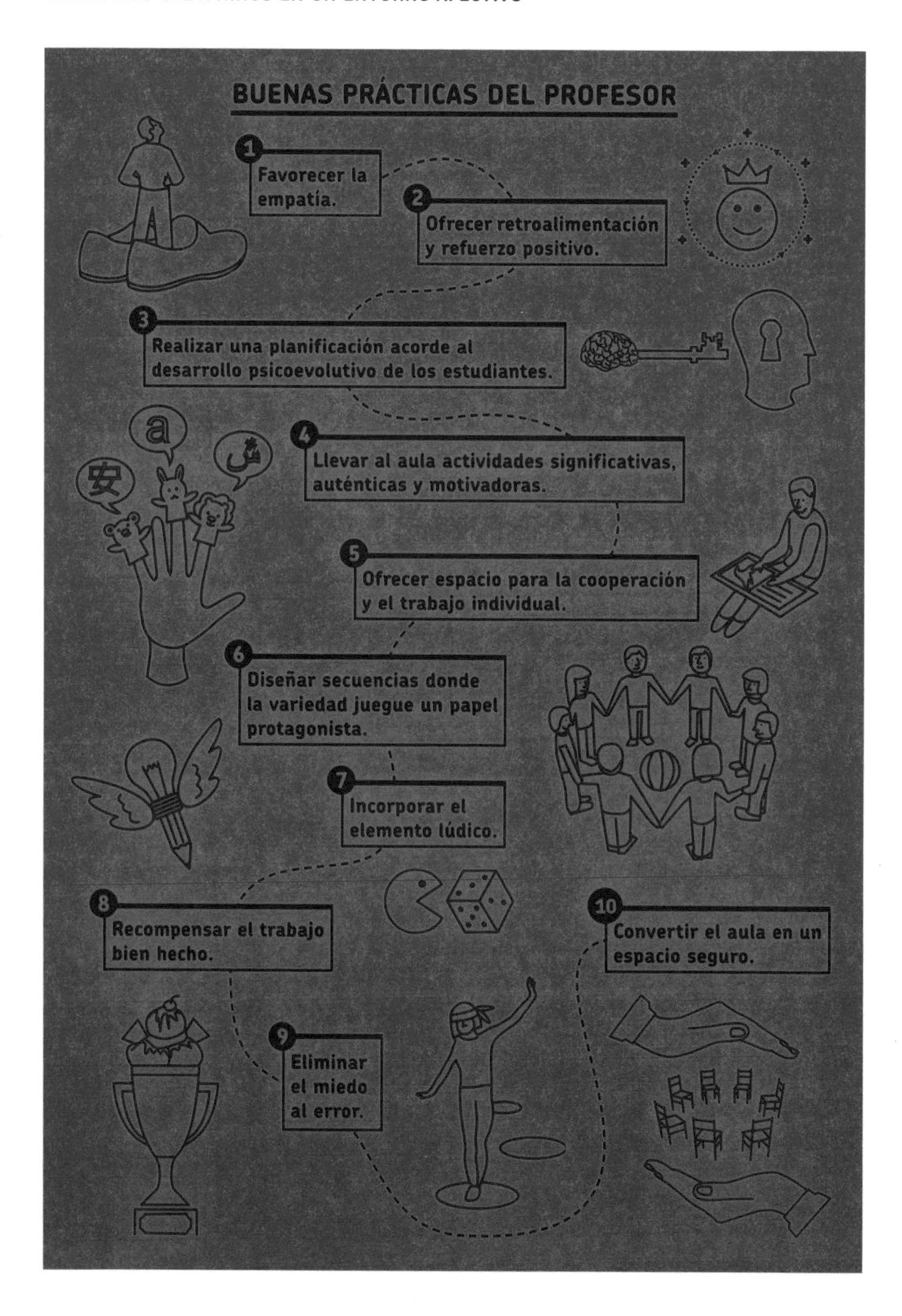
BUENAS PRÁCTICAS DEL PROFESOR
1
Favorecer la empatía.
2
Ofrecer retroalimentación y refuerzo positivo.
3
Realizar una planificación acorde al desarrollo psicoevolutivo de los estudiantes.
a
安
4
Llevar al aula actividades significativas, auténticas y motivadoras.
5
Ofrecer espacio para la cooperación y el trabajo individual.
6
Diseñar secuencias donde la variedad juegue un papel protagonista.
7
Incorporar el elemento lúdico.
8
Recompensar el trabajo bien hecho.
10
Convertir el aula en un espacio seguro.
9
Eliminar el miedo al error.

BIBLIOGRAFÍA

Arnold, J. y Brown, H. D. (2006). "El aula de ELE: un espacio afectivo y efectivo". En Arnold, J. (ed.), *La dimensión afectiva en el aprendizaje de idiomas.* Disponible en: http://cvc.cervantes.es/ensenanza/biblioteca_ele/publicaciones_centros/PDF/munich_2005-2006/03_arnold.pdf.

Damasio, A. (1994). Descarte's Error: Emotion, Reason and the Human Brain. New York: Avon.

Ehrman, M. (1996). *Understanding Second Language Learning Difficulties: Looking Beneath the Surface.* Thousand Oaks: Sage Publications.

Elster, J. (1999). Alchemies of the Mind. Cambridge: Cambridge University Press.

Gardner, H. (1991) The Unschooled Mind: How children think and how schools should teach. New York: Basic Books.

Goleman, D. (1995). Emotional Intelligence: Why It Can Matter More Than IQ. New York: Bantam Books.

Marcos-Llinàs, M. (2007). "Variables afectivas en la clase de lenguas extranjeras". En *Interlinguística*, núm. 17, págs. 676-678.

Páez, D. y Carbonero, A. J. (1993). "Afectividad, cognición y conducta social". En *Psicothema*, vol. 5 (suplemento), págs. 133-150. Disponible en: https://www.researchgate.net/publication/277270024_Afectividad_cognicion_y_conducta_social.

Ponce, A. L. (2013). "Afectividad y cognición. Hacia una nueva idea de agente epistémico". En *Stoa*, vol. 3, núm. 6, págs. 139-160. Disponible en: http://www.uv.mx/stoa/files/2012/04/Ponce.pdf.

Rodríguez, B. y Varela, R. (2004). "Models of Teaching Foreign Languages to Young Children". En *Didáctica* (Lengua y Literatura), vol. 16, págs. 163-175. Disponible en: http://revistas.ucm.es/index.php/DIDA/article/view/20260.

Ruiz, M. C. (2009). "El aprendizaje de una lengua extranjera a distintas edades". En *Espiral. Cuadernos del profesorado*, vol. 2, núm. 3, págs. 98-103. Disponible en: http://dialnet.unirioja.es/descarga/articulo/2898384.pdf.

ENSEÑAR ESPAÑOL A ADOLESCENTES

5

TAREAS CON ADOLESCENTES, SÍ O SÍ

Matilde Martínez
GREIP, Universitat Autònoma de Barcelona

En este artículo tenemos la intención de argumentar por qué la enseñanza por tareas es imprescindible en las clases con adolescentes. Para ello enumeraremos las características del colectivo de alumnos citado, repasaremos el concepto de tarea, detallaremos las razones pedagógicas que aconsejan este enfoque metodológico en las clases de ELE con adolescentes y ofreceremos un pequeño inventario de posibilidades.

LOS ADOLESCENTES: UN GRUPO META DIFÍCIL, INESTABLE Y COMPLICADO

CAMBIOS, CAMBIOS Y CAMBIOS

Los libros especializados en psicología de los grupos humanos están de acuerdo en afirmar que los adolescentes, en nuestras sociedades occidentales, son un colectivo con unas características psicológicas comunes. Situados en las arenas ambiguas y movedizas de las transiciones, los adolescentes no son niños, pero tampoco son adultos. Su fuerte desarrollo físico y hormonal les provoca, a intervalos irregulares, unas veces una gran necesidad de movimiento y otras una apatía extrema, así como estados de ánimos cambiantes de forma repentina y sin previo aviso. Esta situación de inestabilidad en todos los aspectos hace que el trato con ellos sea extremadamente delicado.

La psicología describe la adolescencia como el periodo en el que se forja la identidad. Por ello, no es de extrañar que los chicos y las chicas de nuestras clases solo se interesen por ellos mismos. Además, en este periodo también descubren, como si fueran los primeros en hacerlo, que el mundo es mucho más interesante que lo que hay dentro de las paredes de sus casas y de su escuela, que eran sus referentes hasta este momento vital. Y este mundo tan atractivo recién descubierto lo quieren compartir con sus coetáneos. Es el momento de la rebeldía y del rechazo de todo lo que proviene de los adultos (los padres y, cómo no, los profesores), que les imponen normas, que les impiden hacer lo que les interesa y estar con quienes les interesa, es decir, entre ellos y ellas. Actúan como grupo y muchos conflictos de aula tienen su raíz en este comportamiento tribal, que, en realidad, es una defensa de su inseguridad.

Los expertos aseguran que en la adolescencia también ocurren cambios en el área cognitiva y hay una modificación sustancial de los hábitos mentales, ya que se empieza a usar, aunque de forma fluctuante, el razonamiento hipotético-deductivo más que el inductivo, que es propio de la etapa infantil. Eso se traduce en la necesidad de manipular, experimentar y arriesgarse en sus aprendizajes.

FALTA DE MOTIVACIÓN

Para sumar dificultades a las ya enumeradas, los adolescentes, como grupo de alumnos, tienen una característica esencial que no poseen los grupos de alumnos adultos. No podemos olvidar que los adolescentes están en la escuela por obligación. No pueden estar en otra parte. Los grupos de alumnos adultos acuden a nuestras clases porque quieren estudiar español y están motivados a aprender; los alumnos adolescentes están en nuestras clases quizá por no hacer otra asignatura aparentemente más difícil o por estar cerca de alguno de sus amigos, pero no están realmente motivados ni en las clases de español ni en los propios institutos. Los profesores tenemos que aportar la motivación, esta vitamina poderosa que hace que todo aprendizaje vaya sobre ruedas a pesar de las dificultades, porque ellos no la tienen.

Este déficit de motivación, sumado a todas las inestabilidades inherentes a su estado de maduración, da como resultado que las clases con adolescentes sean muchas veces complejas y difíciles. Los profesores confiesan, a menudo, que en sus clases soportan continuos cambios, altos y bajos, a veces incluso turbulencias, porque su público meta es realmente complicado. Bastante complicado.

DE PELÍCULA

UNA CLASE FRONTAL

La película *Entre les murs* (Laurent Cantet, 2008) en la versión española traducida como *La clase*, no fue rodada con fines pedagógicos sino sociológicos. Pero aun sin pretenderlo, algunas escenas de este film están llenas de enseñanzas que son muy útiles al profesor espectador. ¡Qué difícil es escapar de la deformación profesional!

En el film asistimos al desarrollo de un año escolar en un *collège* de la periferia de París. En él vemos un reflejo de lo que ocurre, con variantes, en muchas de nuestras aulas con adolescentes. Por ejemplo, vemos que el profesor intenta explicar a sus alumnos algunos de los temas de la gramática francesa (que para los alumnos no es una lengua extranjera, sino la lengua de la escuela), como la conjugación de los

verbos irregulares o las reglas que rigen los tiempos de las oracio
en subjuntivo. La disposición de la clase es tradicional, es decir, f
de espaldas a la pizarra y frente a los alumnos, y estos colocad
mirando hacia el profesor y la pizarra.

Durante casi todas las sesiones filmadas observamos que el profesor plantea preguntas al grupo, y aunque algunos alumnos participan, otros boicotean con preguntas y discusiones alambicadas, o están distraídos hablando entre sí, durmiendo o burlándose más o menos abiertamente de sus compañeros e incluso del profesor. En fin, nada que no conozcamos de primera mano en nuestras clases con adolescentes, con menor o mayor agresividad, con mayor o menor descaro. Al final de las secuencias de clase, el profesor-espectador-con-deformación-profesional se queda con ganas de saber qué han aprendido exactamente los alumnos y, más aún, si los alumnos han aprendido alguna cosa.

EL MILAGRO

En una de las sesiones de clase se produce una alteración sustancial en la dinámica a la que el grupo nos tiene acostumbrados: después de la lectura de *El diario de Ana Frank*, el profesor propone a sus alumnos escribir su propia autobiografía, tomando como modelo la descripción que hace de sí misma la protagonista por ser de la misma edad que los chicos y las chicas de la clase. Una vez redactado el texto, todos van al aula de informática para escribirlo en los ordenadores. Y aquí es donde el grupo, que hasta ese momento hemos conocido rebelde, socarrón irrespetuoso, perezoso y pasivo, cambia radicalmente.

Los alumnos entran ordenadamente en la clase y se sientan por parejas delante de los ordenadores. Saben lo que tienen que hacer durante una hora: pasar sus textos a formato digital. Como por arte de magia, todo el mundo está trabajando. El profesor circula entre los grupos contestando las preguntas pertinentes que le plantean. Incluso reconduce de forma tranquila la actitud de un alumno que se ha negado a escribir su texto –el típico alumno rebelde que rechaza de plano cualquier trabajo escolar– invitándole, con éxito, a escribir su propia autobiografía a partir de las fotografías de su móvil, con una pequeña leyenda añadida.

¿Qué ha ocurrido? ¿Qué ha provocado el pequeño milagro de que estén todos trabajando? Pues algo tan sencillo como que los chicos y las chicas están ocupados, implicados en lo que están haciendo. En el aula ya no hay frontalidad, hay circularidad e interacción, tanto de forma individual como en pequeño grupo.

…profesor ya no es un frontón que recibe y rebota preguntas, sino un animador, …n dinamizador, un moderador.

Al espectador-profesor-con-deformación-profesional le parece que el director de la película, sin proponérselo, acaba de mostrar de forma brillante el efecto beneficioso del trabajo por tareas en las clases con adolescentes. El cambio de actitud de los alumnos, lo que parece un milagro, no lo es. Lo que ha ocurrido es que, en aquella escena concreta de clase en la que todo fluye y funciona, el profesor ha utilizado la metodología del enfoque por tareas o enfoque orientado a la acción (EOA). No es un milagro. Es la tarea la que tiene a los alumnos atareados, motivados, implicados.

LA TAREA: PALABRA CLAVE

En la vida fuera del aula, aprendemos a ir en bicicleta yendo en bicicleta (no aprendiendo minuciosamente todas las partes que la componen); aprendemos a cocinar un plato con una receta, viéndolo cocinar y, después, preparándolo nosotros y mejorándolo cada vez que lo cocinamos; aprendemos a bailar bailando; aprendemos a tocar un instrumento tocándolo. Todos nosotros, si reflexionamos sobre nuestras experiencias más importantes de aprendizaje, nos damos cuenta de que hemos aprendido haciendo, practicando. El EOA parte de esta constatación y traslada la propuesta al ámbito de la enseñanza de las segundas lenguas. Así de fácil y así de sencillo. En este ámbito se habla de tareas comunicativas. Tareas para aprender lengua haciendo cosas con palabras.

Según la definición de Nunan (1998), las tareas comunicativas son unidades de trabajo en el aula que implican a los alumnos en la comprensión, manipulación, producción e interacción de la lengua, mientras su atención se halla concentrada prioritariamente en el significado más que en la forma. Es decir, son actividades que tienen un objetivo extralingüístico y, sin embargo, los alumnos deben usar la lengua para hacerlas.

En las tareas para aprender un idioma, la lengua se usa para describir, contar, redactar, discutir, imaginar y crear. De un inventario extensísimo, vamos a enumerar algunos ejemplos de lo que se puede hacer con alumnos adolescentes en clase de ELE y es susceptible de generar muchas posibilidades de éxito, tanto en lo que concierne al aprendizaje como a la propia dinámica de clase. Ofrecemos estos ejemplos con la intención de animar a los profesores que no estén familiarizados con esta metodología a que empiecen a usarla.

INVENTARIO NO EXHAUSTIVO DE TAREAS POSIBLES

- Escuchar una canción, entender su letra, redactar una estrofa más siguiendo el mismo esquema rítmico y musical y cantarla.
- Elegir un vídeo de un cantante o un grupo que cante en español y mostrarlo a la clase, explicando las razones de la selección y contextualizando la canción elegida para que la puedan entender todos.
- Parodiar la letra de una canción y cantarla.
- Hacer un videoclip de su canción preferida y colgarlo en YouTube.
- Leer un relato corto y transformarlo en una historia filmada.
- Hacer un *booktrailer* de un libro que hayan leído y les haya gustado.
- Convertirse en *booktubers* y recomendar sus lecturas preferidas en español.
- Escribir un cómic o un fanzine sobre misterios de la clase de español.
- Organizar una muestra o un concurso de platos típicos del mundo hispano.
- Organizar una "fiesta del español" para el resto de alumnos de la escuela.
- Redactar y, si procede, grabar una guía de su ciudad para que la conozcan otros alumnos adolescentes, también estudiantes de español que quieran visitarla o simplemente que quieran conocerla.
- Presentar la biografía de un personaje (artista, deportista, personaje histórico, entre otros) de la cultura de habla hispana.
- Hacer un póster con las características que ellos consideren que debe tener un colegio ideal.
- Hacer un blog de clase de español.
- Preparar una clase de español para un grupo de un nivel inferior.
- Mediante un diálogo en pareja, dibujar el mapa lingüístico del compañero, representando las lenguas que habla y conoce. Luego, exponer todos los dibujos en la clase.

LOS SIETE REQUISITOS PARA EL BUEN FUNCIONAMIENTO DE LA METODOLOGÍA CON TAREAS

Hay que especificar que cada una de estas tareas enunciadas suponen que el profesor debe:

1. Saber exactamente qué producto final quiere conseguir.

2. Proponer un producto que sea tangible, visible, evaluable y compartible.

3. Anunciar claramente a sus alumnos cuál es el producto que se espera como resultado de su trabajo y cuáles son los criterios de evaluación.

4. Planificar dos o tres sesiones de clase, como mínimo, para trabajar las tareas y que el resultado sea satisfactorio.

5. Ofrecer a los alumnos algunos modelos del producto que tendrán que elaborar (ejemplos de folletos, de *booktrailers*, de blogs, de reglamentos).

6. Asumir que, aunque todos los alumnos hagan la misma tarea, crearán un producto distinto.

7. Ser fiel a los criterios de evaluación que habrá anunciado al principio de la tarea.

IMPLICACIÓN, EMOCIÓN, CREATIVIDAD

Si reflexionamos sobre lo que supone hacer con alumnos adolescentes algunos de los ejemplos de tareas expuestas, nos daremos cuenta de las ventajas que tiene el trabajo con esta metodología y de cómo esta responde a sus necesidades psicológicas, físicas y cognitivas de aprendizaje.

- Porque los alumnos son el centro del aprendizaje: en primer lugar, podemos ver que todas estas propuestas están centradas en los intereses de los alumnos. El eje de las tareas gravita sobre ellos y no sobre la lista del programa del libro de texto (aunque hay contenidos, no olvidemos esto). Son los alumnos los que eligen qué y cómo van a trabajar, qué van a decir o a grabar en sus documentos finales, con un margen de autonomía para apropiarse y hacer suyo el producto final. De esta manera, los participantes pueden involucrarse y aprender de forma emocional. Las tareas estimulan la creatividad y aportan la motivación que no encuentran en el contexto escolar.

- Porque ofrecen oportunidades para la diversidad de aprendizajes: al poder decidir cómo y qué van a hacer en la tarea final, y no esperar de todos los grupos un resultado idéntico, las tareas permiten reflejar la diversidad existente en las aulas y que cada uno encuentre la oportunidad de trabajar según su tipo de inteligencia dominante (recordemos la teoría de las inteligencias múltiples de Gardner) y ejercitar las otras.

- Porque aportan significatividad: los chicos y las chicas saben lo que están haciendo y se involucran, aportando sus propios puntos de vista, su humor, su crítica, su creatividad.

- Porque rompen la frontalidad: una clase con alumnos trabajando por tareas es una clase necesariamente circular, en la que el profesor es un animador, atiende a los grupos según sus necesidades y la interacción entre los alumnos y alumnosprofesor está totalmente asegurada. Así mismo, las tareas permiten la variedad de actividades a lo largo de una misma secuencia de clase, dando respuesta a la necesidad de cambio y de movimiento de este público meta tan inquieto. En ellas, la gramática y el vocabulario están al servicio de la tarea y no al contrario. Los alumnos manipulan y experimentan con la lengua, en vez de conceptualizarla. La conceptualización puede llegar en un momento posterior.

- Porque diluyen los conflictos: recordemos la diferencia entre las dos escenas narradas al principio de este artículo. Y es que el trabajo por tareas atempera, incluso disuelve, los problemas de disciplina frecuentes en las clases con los adolescentes.

Y todo esto no es poco.

MOTIVACIÓN, LA PALABRA QUE MUEVE MONTAÑAS

Animamos a todos los profesores que tienen clases con adolescentes a empezar a usar en sus clases de ELE el enfoque orientado a la acción, es decir, la metodología basada en tareas comunicativas. Si lo hacen, pronto verán como aquellos chicos pasivos, rebeldes y desmotivados se transforman en individuos receptivos, participativos y dinámicos. Chicos y chicas que proponen ideas, discuten alternativas, encuentran soluciones, disfrutan haciendo, se sorprenden de sus resultados. El tedio y la indisciplina desaparecen a medida que en el aula empiezan a entrar a raudales el humor, el interés, la motivación, las emociones y la creatividad.

Y anímense a trabajar por tareas. Verán cómo el estereotipo de alumno adolescente complicado, desmotivado, pasivo, ausente empezará a dejar paso a un alumnado implicado, autónomo y, sobre todo, motivado.

¡Manos a la obra y mucha suerte! Y no se olviden de compartir los resultados.

BIBLIOGRAFÍA

Agelet, J. et al. (2000). *Estrategias organizativas de aula. Propuestas para atender la diversidad*. Barcelona: Graó.

Arnold, J. y Brown, H. D. (2000). "Mapa del terreno". En Arnold, J. (ed.), *La dimensión afectiva en el aprendizaje de idiomas*. Madrid: Cambridge University Press.

Benetti ,G., Casellato, M. y Messori, G. (2004). *Más que palabras. Literatura por tareas*. Barcelona: Difusión.

Consejo de Europa (2001). *Marco común europeo de referencia para las lenguas: aprendizaje, enseñanza, evaluación*. Madrid: Secretaría General Técnica del MECD-Subdirección General de Información y Publicaciones, y Grupo ANAYA, S.A.

Estaire, S. (recop.) (2009). *El enfoque por tareas: de la fundamentación teórica a la organización de materiales didácticos*. Madrid: Instituto Cervantes. Disponible en: http://cvc.cervantes.es/ensenanza/biblioteca_ele/antologia_didactica/enfoque01/.

Fernández, S. (coord.) (2001). *Tareas y proyectos en clase*. Madrid: Edinumen.

Fonseca, M. C. (2006). "Las inteligencias múltiples en la enseñanza del español: Los estilos cognitivos de aprendizaje". Madrid: Instituto Cervantes. Disponible en: http://cvc.cervantes.es/ensenanza/biblioteca_ele/publicaciones_centros/PDF/munich_2006-2007/03_fonseca.pdf.

Martín Peris, E. (2000). "Textos literarios y manuales de enseñanza de español como lengua extranjera". En *Lenguaje y Textos*, núm. 16, págs. 101-131.

Martínez, M. (2002). *Tareas que suenan bien: uso de canciones en clase de ELE*. Bruselas: Embajada de España en Bélgica, Países Bajos y Luxemburgo, Consejería de Educación.

Martínez, M. (2004). "'Libro, déjame libre'. Acercarse a la literatura con todos los sentidos". En *RedELE*, núm. 0. Disponible en: http://www.mecd.gob.es/redele/revistaRedEle/2004/primera.html.

Martínez, M. (2010). "Mis lenguas, mis joyas". En *Revista TEXTOS*, núm. 54. Barcelona: Graó.

Martínez, M. (2012). *Clase de música. Actividades para el uso de canciones en clase de español.* Barcelona: Difusión.

Nunan, D. (1998). *El diseño de tareas para la clase comunicativa.* Cambridge: Cambridge University Press.

Zanón, J. (ed.) (1999). *La enseñanza de ELE mediante tareas.* Madrid: Edinumen.

6

AICLE: UN VIAJE A HOTS

Francisco Xabier San Isidro
Universidad del País Vasco

¿Aprender contenidos a través de una lengua extranjera? ¿La lengua deja de ser el foco para convertirse en el medio? ¿Integrar lenguas extranjeras en otras materias? ¿Integración curricular? ¿Excelencia educativa? ¿Están capacitados los profesores de otras áreas para impartir sus materias en otras lenguas? ¿Hay suficiente formación? ¿En qué consiste? ¿Desaparecerán las clases de lenguas extranjeras? Demasiadas preguntas, demasiadas dudas, demasiadas reticencias para referirnos a algo sobre lo que se ha discutido mucho en los últimos años. Me refiero a AICLE –aprendizaje integrado de contenidos y lenguas extranjeras (CLIL en inglés, EMILE en francés o CLILig en alemán)–, un término acuñado en 1994 (Marsh et al., 2005), utilizado para identificar un modelo educativo que consiste en impartir áreas o materias curriculares a través de una lengua extranjera. Con un largo recorrido ya en muchos países, incluida España, es el modelo de aprendizaje en lenguas extranjeras que está detrás de los llamados colegios o centros bilingües o plurilingües, las secciones bilingües, las secciones europeas, las secciones internacionales, cuya implementación se está llevando a cabo con mayor o menor fortuna, con más o menos acierto, con concepciones diferentes, aunque con puntos en común suficientes como para poder explicar en qué consiste.

Es cierto que a una parte de los docentes que hacen AICLE les falta formación, sobre todo en lo que respecta a cómo incorporar la lengua extranjera en sus clases. Es cierto también que, a veces, su nivel de competencia en la lengua extranjera no es el idóneo. Pero también es cierto que la gran mayoría de los profesionales docentes, al embarcarse en un proyecto plurilingüe, se embarcan, no sin esfuerzo, en un viaje, un viaje de aprendizaje para ellos, acompañados de los especialistas de lenguas extranjeras, que se convierten en guías. Un viaje que no resulta nada fácil –y esto lo digo desde mi propia experiencia–, ya que implica abrir las puertas de tu aula, de tu territorio. Poner patas arriba tus dinámicas de trabajo, tus hábitos, tus métodos es una tarea ardua, pero absolutamente enriquecedora y, sobre todo, renovadora.

AICLE transforma el modo de hacer, de diseñar, de planificar y de trabajar. Es un trabajo en tándem en el que participan el docente de área y el especialista de lengua, un trabajo que se basa en el diseño y la planificación conjuntos. Por ello, resulta injusto verter críticas a este modelo, convirtiendo los casos de mala praxis en generalizaciones mediante argumentos como el purismo de la lengua, la desvirtuación de la pronunciación o, simplemente, la consideración del modelo como una invasión al territorio de la enseñanza de lenguas por parte de otros profesionales. Y no es nada de eso. AICLE es el aprendizaje **en** –y no **de**– una lengua extranjera, que complementa la enseñanza de lenguas en un entorno educativo.

Este enfoque surgió con el propósito de que las lenguas extranjeras fueran accesibles para todo el mundo, algo que era impensable unos cuantos años atrás y que estaba solo al alcance de unos pocos, de aquellos pocos que podían permitirse enviar a sus hijos al extranjero para recibir una educación plurilingüe. Con AICLE, la intención era –y es– aumentar la presencia de las lenguas extranjeras en los sistemas educativos, con el objetivo de fomentar la competencia plurilingüe de los alumnos. Desde el principio, como lingüista y como profesor de lenguas, he visto en este enfoque el complemento perfecto a la enseñanza de lenguas, lo que he dado en llamar **democratización del aprendizaje de/en lenguas extranjeras**, precisamente por estar al alcance de todos.

Antes de pasar al análisis de este modelo y de sus principales elementos, me gustaría poner de relieve un par de cuestiones. La primera, al hilo del párrafo anterior, es insistir en la idea de que **AICLE es para todos los alumnos** y que es precisamente ahí donde radica su excelencia, porque permite que alumnos de capacidades distintas formen parte de un modelo de aprendizaje que se basa en la cooperación y la colaboración. Algunos modelos de implementación, sin embargo, han convertido AICLE en un modelo de segregación, un modelo en el que solo los mejores pueden participar, un modelo en el que la palabra **competir** es el pilar principal para poder presentarse a determinadas pruebas que acreditan el nivel de lengua. No digo que esto sea malo, sino que no es el AICLE que yo conozco. Es otra cosa.

La segunda cuestión tiene que ver con cuál se ha convertido en la lengua principal para AICLE. En la mayoría de los países, el inglés es la lengua mayoritaria –lo cual sigue confirmando su estatus como **lengua franca**–, aunque, en el caso de España, el francés, el portugués y, en menor medida, el alemán tienen también presencia en los programas que desarrollan este modelo de aprendizaje. En lo que respecta a ELE –español como lengua extranjera–, el número de centros haciendo AICLE aumenta progresivamente cada año. En Europa, Francia lidera la enseñanza AICLE en español en las llamadas secciones españolas o secciones europeas, pero nos encontramos muchos otros países que ahora mismo están utilizando el español como vehículo para aprender otros contenidos curriculares.

Tras esta pequeña reflexión sobre el origen y la situación actual de AICLE, voy a intentar conceptualizar este enfoque y analizar sus distintos elementos partiendo de tres preguntas.

¿ES AICLE UNA NUEVA METODOLOGÍA?

Partiendo de la premisa de que AICLE tiene mucho que ver con modelos anteriores de aprendizaje de contenidos a través de lenguas adicionales –pensemos en los modelos de inmersión en Canadá o el modelo CBI (*content-based instruction*) en Estados Unidos, por ejemplo– y de que la propia concepción de AICLE surge en Europa en los años 90, resulta difícil hablar de este modelo en términos de algo nuevo. Lo que sí es cierto es que el desarrollo de AICLE, su implementación en los diferentes países a través de las distintas normativas, el trabajo de los docentes implicados o el cambio metodológico que ha supuesto han ido de la mano de la revolución digital que hemos vivido en los últimos veinte años. Lo que es nuevo, obviamente, es el contexto, como nuevas son las formas de aprender y de enseñar.

El aprendiente de hoy usa la tecnología en su vida diaria para expresarse, para jugar, para hacer amigos, para compartir diferentes tipos de contenidos a través de plataformas multimedia y multitarea. El aprendiente es una persona expuesta a un sinfín de contenidos y de lenguas que solo están a un clic de distancia. El aprendizaje hoy, como la vida misma, es globalizado, integrado, exigente desde un punto de vista cognitivo y, además, multitarea, como lo son las plataformas o los medios que se utilizan. AICLE nació en la era digital y, por ello, está relacionado con los nuevos escenarios de aprendizaje que la tecnología nos brinda. Lo que es nuevo es la sinergia con distintas estrategias de aprendizaje y con distintos componentes metodológicos. AICLE no es, sin embargo, una metodología, sino un enfoque o modelo de aprendizaje que fusiona diferentes maneras de aprender, diferentes metodologías: el aprendizaje mediante tareas o proyectos, el método comunicativo de aprendizaje de lenguas, las metodologías relacionadas con las diferentes áreas o materias, etc. En términos de metodología, lo que nos podemos encontrar en una clase AICLE de Educación Física va a ser diferente de las tareas propias de una clase AICLE de Matemáticas.

Con todo, la forma de diseñar currículos que integran otras lenguas, la forma de diseñar tareas o proyectos, la forma de evaluar, los instrumentos utilizados o el uso de la tecnología son puntos comunes que hacen de AICLE un enfoque de aprendizaje, un enfoque que, por su concepción integradora, supone un primer paso hacia la desfragmentación del currículo o, en otras palabras, hacia la concepción de un currículo integrado.

¿QUÉ ES EXACTAMENTE UN CURRÍCULO INTEGRADO Y CUÁL ES SU RELACIÓN CON AICLE?

En su concepción más simple, la integración curricular tiene que ver con hacer conexiones entre distintas áreas, conexiones que tienen un impacto tanto en el diseño de un currículo como en el diseño de tareas. En AICLE, en su forma más simple, las conexiones se producen entre la lengua y el contenido, pero, para comprender mejor el concepto de integración, veamos primero los diferentes niveles que podemos encontrar (Drake y Burns, 2004):

- En la **integración multidisciplinar**, un tema común se trata desde las distintas áreas. Los docentes formulan objetivos sobre el tema en sus respectivas materias para que los alumnos comprendan las conexiones entre ellas y su relación con el mundo real.
- En la **integración interdisciplinar**, los profesores organizan el currículo teniendo en cuenta aspectos comunes entre áreas o incluyendo aspectos de otras materias en su propio diseño.
- Y en la **integración transdisciplinar**, los docentes organizan el currículo en torno a las preguntas e intereses de los aprendientes. Es el tipo de integración que podemos encontrar, por ejemplo, en el trabajo por proyectos.

AICLE se encuentra a medio camino entre la integración interdisciplinar y transdisciplinar. Cuando los docentes diseñan un currículo o una planificación de tareas, lo que hacen es incorporar y organizar objetivos, contenidos, criterios y estándares de lengua en otras áreas. Al mismo tiempo, en AICLE, la creatividad y la capacidad de hacer conexiones con el mundo real son fundamentales. Por ello, el aprendizaje por tareas y proyectos es la mejor forma de implementar este enfoque, ya que permite a los alumnos no solo desarrollar su capacidad de conexión con el mundo real, sino también relacionar los contenidos de distintas áreas a través de sus propios intereses y de sus propias decisiones.

Y es aquí donde se encuentran el mayor reto y la mayor dificultad de este enfoque. ¿Cómo diseñar un currículo integrado? ¿Cómo diseñar tareas y proyectos que integran contenidos mediante el vehículo de la lengua extranjera? En definitiva, ¿cómo incorporar dicha lengua en las clases de Ciencias Sociales, Educación Artística o Música?

¿QUÉ SON LAS CUATRO CES?

El primer reto que los docentes se encuentran al iniciar proyectos AICLE es el diseño de su programación y de su planificación de clases. El primer paso sería recurrir al currículo oficial en vigor para adaptarlo a su contexto, pero el problema es que, a pesar de los años que este enfoque lleva implementándose, del número de docentes y alumnos implicados, de la inversión realizada por muchas administraciones, resulta, cuando menos, sorprendente que no exista ningún currículo oficial para AICLE. La mayoría de los currículos actuales, fragmentados y compartimentados, dejan la responsabilidad de diseñar, adaptar o integrar objetivos, contenidos y criterios de evaluación en manos de los propios docentes. Los profesores AICLE –que suelen ser especialistas de la materia– no están acostumbrados a diseñar o planificar sus programaciones teniendo en cuenta la lengua materna, por no hablar de la dificultad añadida de que la lengua vehicular sea una lengua extranjera.

Lo que se hace en los centros es utilizar el esquema o marco de las cuatro ces –*the 4Cs Framework* (Coyle, 2007)–, que sienta las bases metodológicas para la planificación curricular integrada, para el diseño de tareas y para la elaboración de materiales, debido a su naturaleza interdisciplinar. Este marco incorpora cuatro bloques mediante los cuales la lengua y el contenido se integran en un contexto determinado:

LA C DE CONTENIDO

En AICLE el aprendizaje de contenido va más allá de la concepción tradicional, ya que implica la lengua extranjera, perspectivas culturales distintas, la tecnología y el contenido propio del área. Se trata de que el aprendiente construya conocimiento desarrollando nuevas destrezas o mejorando las que ya tiene. La planificación del aprendizaje de contenido depende de la selección de contextos relevantes, contextos apropiados para la edad, las habilidades e intereses de los alumnos, contextos que proporcionan una interacción significativa con y a través de la lengua. Por ejemplo, pensemos en una experiencia de aprendizaje como un juego en el que los aprendientes deben ir a un supermercado en el país donde se habla la lengua extranjera, usar dinero, resolver problemas de suma y resta, elegir alimentos saludables, etc. Para planificar dicha experiencia, se debe tener en cuenta no solo cómo se trata el contenido, sino también la necesidad de relacionarlo con la cognición –las diferentes estrategias de aprendizaje relacionadas con las habilidades de pensamiento–, la lengua –la incorporación de la comunicación como elemento clave en las tareas– y la cultura –la necesidad de plantear el aprendizaje de contenido desde perspectivas culturales diferentes–.

LA C DE COGNICIÓN

Según la taxonomía de Bloom (Anderson y Krathwohl, 2001), desde un punto de vista cognitivo, en cualquier experiencia de aprendizaje, los aprendientes necesitan recordar y comprender el contenido para poder ordenar y aplicar lo que saben. Solo entonces serán capaces de analizar, de hacer hipótesis, de evaluar, de pensar de una manera crítica y, finalmente, de crear. Volviendo al ejemplo del punto anterior, para que el aprendiente sea capaz de elegir alimentos saludables, tendrá que haber comprendido ese contenido con anterioridad. Es decir, el docente habrá planificado objetivos de aprendizaje previos y habrá diseñado tareas facilitadoras que permitan al alumno realizar la experiencia de aprendizaje propuesta. Esta es la denominada progresión cognitiva, que va desde las habilidades de pensamiento de orden inferior –LOTS, o *lower order thinking skills*– a las habilidades de pensamiento de orden superior –HOTS, o *higher order thinking skills*–.

En AICLE, el aprendizaje de contenido está relacionado con los diferentes niveles cognitivos y es por ello por lo que la planificación curricular y el diseño de experiencias de aprendizaje debe basarse en el trabajo mediante tareas y proyectos, orientados hacia la creatividad como último escalón del proceso. Pensemos en un ejemplo simple de objetivo de aprendizaje –simple, pero que resume perfectamente el papel de la cognición en este tipo de enfoque–: hacer una tortilla española. Una planificación lógica desde el punto de vista cognitivo sería:

- Reconocer los ingredientes necesarios para hacer una tortilla española.
- Explicar cómo hacer una tortilla española.
- Analizar cómo se hace una tortilla española.
- Hacer una tortilla española.

En dicha formulación, vemos claramente la progresión de LOTS (reconocer y explicar) a HOTS (analizar y hacer). ¿Cómo introducir la lengua entonces?

LA C DE COMUNICACIÓN

La siguiente c es la comunicación. En AICLE, la lengua extranjera está relacionada con el contexto de aprendizaje y el aprendizaje tiene lugar a través de la lengua. Los aprendientes reinterpretan y reconstruyen el contenido y los procesos cognitivos relacionados desde una perspectiva cultural diferente, la de la lengua extranjera. Retomando el ejemplo anterior, encontramos la comunicación en la verbalización de la receta, esto es, en los pasos para hacer la tortilla.

Sin embargo, incorporar la lengua en AICLE es algo más complejo que lo que nos encontramos en el ejemplo anterior. Si comparamos un entorno de aprendizaje de lenguas (la clase de lengua extranjera) y un entorno de aprendizaje AICLE (la clase de área o materia impartida en lengua extranjera), la diferencia resulta obvia. En el primer caso, el foco es el aprendizaje de la lengua, mientras que, en el segundo, el aprendizaje está centrado en el contenido. En un entorno AICLE, la lengua deja de ser el foco y se convierte en un medio, en un vehículo. El docente debe planificar la incorporación de la lengua teniendo en cuenta BICS (*basic interpersonal communication skills* o destrezas básicas de comunicación interpersonal) y CALP (*cognitive academic language proficiency* o competencia lingüística cognitivo-académica), y estableciendo un equilibrio entre ambos términos, términos acuñados y utilizados por Cummins (1984), que describió BICS como el desarrollo básico de la comunicación, frente a CALP, la competencia lingüística utilizada en contextos académicos. En otras palabras, cuando el alumno aprende una lengua extranjera, desarrolla las destrezas básicas de comunicación para utilizarla en tareas que implican situaciones cotidianas, y esto es lo que nos encontramos en una clase de lengua.

Naturalmente, esto nos lo vamos a encontrar también en un entorno AICLE. Sin embargo, en este tipo de entorno relacionado con el aprendizaje de contenidos en otras áreas, centrarse en el desarrollo de estas destrezas básicas resulta limitado. Por ejemplo, la expresión de causa y efecto en la clase de Ciencias, la lengua necesaria para expresar los símbolos matemáticos o la lengua necesaria para interpretar una gráfica de población en la clase de Geografía no pertenecen al ámbito de lo cotidiano en la vida de los aprendientes. Estos son ejemplos de CALP, la especialización de la lengua al servicio del contenido.

Por todo lo anterior, cuando se habla de la planificación para la incorporación de la lengua en AICLE en relación con el aprendizaje de otros contenidos, se tiene en cuenta la división establecida por Coyle, Hood y Marsh (2010), que establecen tres tipos de lengua en este tipo de entorno:

1. **La lengua de aprendizaje:** relacionada con el contenido, especializada, léxico específico, vocabulario, aspectos gramaticales esenciales para el desarrollo del contenido…;

2. **La lengua para aprender:** es decir, las funciones relacionadas con la manera de comunicarse en un área concreta (las funciones lingüísticas necesarias para la clase de Matemáticas van a ser diferentes a las que se necesitan en la clase de Educación Física);

3. **La lengua a través del aprendizaje:** aquella que el alumnado construye transfiriendo lo que ya sabe hacer en su lengua materna a la lengua extranjera, poniéndose en una perspectiva cultural distinta.

Por ejemplo, imaginemos la experiencia de aprendizaje a la que se refiere el siguiente objetivo educativo: diseñar un plan de acción para ahorrar papel en un centro escolar. Posibles objetivos lingüísticos relacionados con experiencias de aprendizaje podrían ser:

- Escribir sugerencias sobre reciclaje, protección del medio ambiente... (se trata de lengua de aprendizaje, ya que está directamente relacionada con el tema, con el contenido).
- Comprender léxico relacionado con el reciclaje y la deforestación: papel, deforestación, protección medioambiental, producción... (este sería otro ejemplo de lengua de aprendizaje).
- Usar la lengua para expresar opiniones y argumentos (en este caso, el objetivo forma parte de la lengua para aprender, ya que incluye lengua funcional).
- Hacer una presentación oral del plan propuesto (aquí, sin embargo, encontramos un ejemplo de lengua a través del aprendizaje, porque el aprendiente va a hacer algo que ya conoce o sabe hacer en su propia lengua).

LA C DE CULTURA

Según Coyle, Hood y Marsh (2010), este bloque está relacionado con la cuestión de la conciencia o el conocimiento que se tiene sobre uno mismo y sobre los demás, con la cuestión de la ciudadanía, con la comprensión intercultural y, en definitiva, con aprender desde perspectivas culturales diferentes. Probablemente resulte más fácil tratar aspectos culturales en la clase de Historia que en la de Matemáticas, pero el tratamiento de la cultura en un aula hoy en día es y debe ser más que hablar de las comidas, de las tradiciones, más que organizar festivales o exposiciones. La cultura hoy se ha convertido en algo global y conectado, y la educación debe preparar a los aprendientes no solo para vivir en el mundo multicultural y multilingüe actual, sino también para participar activamente en las diferentes esferas de interacción cultural: interactuar con la cultura propia y con otras culturas, y, además, ponerlas en relación, conectarlas.

Un ejemplo de cómo se integra la dimensión cultural en una planificación o diseño AICLE podría ser diseñar un proyecto con un centro extranjero, en el que los alumnos deben colaborar e interactuar para trabajar sobre una temática común.

La perspectiva cultural en AICLE consiste en relacionar lo que se aprende con lo que ocurre en el resto del mundo. La concepción del componente cultural pasa a ser algo más complejo: la comprensión intercultural, el sentimiento de pertenecer a una comunidad, la necesidad de colaboración y conexión con el resto del mundo, la necesidad de mostrar al mundo lo que se hace y saber lo que se hace en el resto del mundo.

Y, POR ÚLTIMO... EL VIAJE A HOTS

Retomando la metáfora del viaje de la primera parte, me gustaría terminar interpretando la implementación de AICLE como un viaje, un viaje a HOTS (si me permitís la comparación con el viaje a Oz de L. Frank Baum), un viaje hacia la creatividad, en el que los alumnos aprenden contenido al tiempo que desarrollan diferentes estrategias de aprendizaje. Del mismo modo que el espantapájaros buscaba un cerebro, los aprendientes desarrollan destrezas cognitivas múltiples en busca de las de orden superior, las HOTS.

Un viaje en el que la tecnología ocupa o debe ocupar un lugar legítimo en el aula, alejado de la repetición de patrones de enseñanza tradicionales, un lugar significativo, con un propósito determinado que permita llegar a los sentimientos e intereses de los alumnos (¿os suena el hombre de hojalata?).

Un viaje en el que los aprendientes, como Dorothy, interpretan el papel principal llevando su lengua y su cultura a un mundo diferente.

Un viaje que es, tal y como dije al principio, un desafío para los profesores, quienes, del mismo modo que el león cobarde, necesitan, por una parte, encontrar la valentía suficiente para transformar el micromundo de su aula y, por otra, ponerse los zapatos rojos para ser capaces de caminar por los senderos de baldosas amarillas, que no son más que los nuevos caminos del diseño integrado de AICLE.

BIBLIOGRAFÍA

Anderson, L. y Krathwohl, D. (eds.) (2001). *A Taxonomy for Learning, Teaching and Assessing* (versión abreviada). Nueva York: Longman-Pearson Education.

Coyle, D (2007). "Content Language Integrated Learning: Towards a Connected Research". En *Agenda for CLIL pedagogies. International Journal of Bilingual Education and Bilingualism*, vol. 10, núm. 5, págs. 543-562.

Coyle, D., Hood, P. y Marsh, D. (2010). *Content and Language Integrated Learning*. Cambridge: Cambridge University Press.

Cummins, J. (1984). *Bilingual Education and Special Education: Issues in Assessment and Pedagogy.* San Diego: College Hill.

Drake, S. y Burns, R. (2004). *Meeting Standards through Integrated Curriculum.* Alexandria: ASCD.

Marsh, D. et al. (eds) (2005). "Project D3 – CLIL Matrix. The CLIL Quality Matrix. Central Workshop Report 6/2005". Disponible en: http://archive.ecml.at/mtp2/clilmatrix/pdf/wsrepD3E2005_6.pdf.

7

HACER ES EL NUEVO APRENDER: APRENDIZAJE BASADO EN PROYECTOS

Diego Ojeda, Belén Rojas y Fernando Trujillo
Universidad de Granada

En las próximas páginas te vamos a pedir que nos acompañes en un viaje corto pero intenso a través de la metodología del aprendizaje basado en proyectos o ABP, un enfoque didáctico que, a grandes rasgos, consiste en convertir a los estudiantes en protagonistas de su aprendizaje al enfrentarlos a retos y tareas que tienen aplicación más allá del contexto del aula y en cuya planificación, desarrollo y evaluación participan activamente (Blank, 1997; Dickinson et al., 1998; Harwell, 1997).

Hacer proyectos como parte del currículo no es una metodología nueva, y menos en el entorno de la enseñanza de segundas lenguas. Lo que te proponemos aquí no es una tarea más para que la incluyas en tal o cual unidad, sino una manera diferente de entender la forma en la que podemos organizar el currículo, la gestión del aula y la evaluación para conseguir aprendizajes más auténticos y memorables que vayan más allá de la mera acumulación de saberes y promuevan cambios en la propia identidad social del estudiante (Pozo, 2016).

PREPARANDO EL VIAJE

Sostienen muchos viajeros que un viaje no empieza cuando te pones en marcha, sino cuando comienzas a prepararlo. Y que a veces esa preparación, cargada de ilusión, la toma de decisiones sobre dónde nos quedaremos, si pararemos aquí o allá o nos encontraremos con el amigo que echamos de menos produce tanta satisfacción o más que el viaje propiamente dicho. Por supuesto, esto no es válido para el trayecto que hacemos cada mañana camino del trabajo, para los innumerables viajes del transportista profesional y ni siquiera para esos viajes en primera clase del ejecutivo que preferiría estar jugando con sus hijos en el parque.

La primera condición para que un viaje sea una experiencia ilusionante y memorable desde el primer momento es que se trate de un proyecto deseado. Esta es la condición que te ponemos para que nos acompañes en el trayecto, que quieras venir con nosotros. No te apuntes a esta ruta si no te gusta conocer sitios diferentes, si añoras demasiado tu sillón o si tienes alergia a los cambios; porque, ya sabes, a veces cuando viajas, te puede gustar tanto el destino que quieras quedarte allí. Y la misma premisa habrá que tener en cuenta al diseñar nuestro proyecto: involucra a los estudiantes en el tema a elegir, hazlos partícipes del reto a conseguir y deja claro que, una vez conseguido, serán ellos y ellas las estrellas de la función.

En esta primera sección, nos centraremos en la fase de planificación, tomando decisiones sobre el cómo, cuándo y porqué de nuestra propuesta didáctica. Volviendo a la metáfora del viaje, te proponemos empezar examinando el mapa del continente, país o región que vamos a visitar. Un repaso a los distintos apartados del *canvas* para el diseño de proyectos de aprendizaje nos permitirá tener una visión global de los distintos aspectos del proyecto, esos lugares imprescindibles en los que habremos de detenernos y apuntar un primer esbozo de lo que haremos en cada uno de ellos.

En primer lugar, debemos fijar los aspectos generales de nuestro proyecto: cuáles son los objetivos de aprendizaje en nuestro contexto educativo, algunas características de nuestro alumnado, el tiempo que vamos a dedicar al proyecto y el ámbito de aplicación; es decir, si se trata de un proyecto de una sola materia y un único grupo de estudiantes o si, por el contrario, es multidisciplinar o implica al alumnado de diferentes cursos o grupos. Digamos que, ante todo, hay que cumplimentar los datos que nos ayuden a situarnos en el contexto formativo.

Una vez hecho esto, la consigna tal vez más repetida en ABP es empezar por el final, es decir, que si lo que define un proyecto de aprendizaje es la elaboración de un producto que dé respuesta a una pregunta, problema o reto, será ese producto final lo que dé sentido al resto de actividades y tareas. Por tanto, la primera sesión de trabajo de nuestro proyecto, el equivalente a desplegar el mapa y preguntarse a dónde vamos, empezaría por plantear una pregunta, problema o reto a nuestros estudiantes y consensuar con ellos las posibles respuestas o soluciones.

Esa pregunta, conocida como pregunta motriz o pregunta motivadora, puede tener también la forma de un reto o un evento que nos invite a resolver algo. Es importante que, si hacemos una pregunta, esta sea abierta, es decir, que permita matices y puntos de vista y que, en ningún caso, sea algo a lo que se puede responder de forma correcta o incorrecta tras estudiar un tema. Por último, debemos intentar que la pregunta motriz tenga anclaje curricular, es decir, que trate sobre algún tema en el que incide el currículo, si bien en el caso de la enseñanza de lenguas, el objetivo genérico de **mejorar la competencia comunicativa de los estudiantes** nos permite mucha flexibilidad a la hora de elegir una buena pregunta.

Algunos ejemplos de preguntas motrices podrían ser:

- ¿Qué hace que un libro se convierta en un clásico?
- ¿Cuánto han viajado tus zapatillas deportivas?
- ¿Se debería rebajar la edad mínima para votar?
- ¿Vale el arte su precio?

Y los productos finales correspondientes a esas preguntas podrían ser:

- Exposición: La historia de diez clásicos universales.
- Mapa interactivo: De Bangladesh a Oxford Street.
- Encuesta, debate y, en su caso, presentación de una iniciativa popular para cambiar la ley electoral.
- Subasta de arte: Pagando con argumentos.

También es muy frecuente que los proyectos de aprendizaje partan de un suceso o evento, real o amañado, y que los estudiantes puedan adoptar roles sociales, actuar como personajes para abordar dicho reto. Por ejemplo:

- El ayuntamiento nos ha pedido una propuesta para reconvertir el solar de al lado en un espacio de ocio para la juventud. Cada grupo debe preparar un dosier y defenderlo ante la comisión de obras del ayuntamiento.

- Nuestra escuela tiene 1000 € al año para ayuda a la cooperación. Como director del centro, debes decidir cómo invertir ese dinero y justificarlo ante la comunidad escolar.

Seguro que, a poco que veas estas propuestas con ojos de profesor o profesora de lengua extranjera, se te ocurren un montón de posibilidades para trabajarlas en el aula sin renunciar a tus objetivos lingüísticos y cubriendo buena parte de los contenidos curriculares del curso o nivel en el que te encuentres. Ahora solo hay que ponerse manos a la obra, definir esos objetivos, secuenciar las tareas a desarrollar y, en definitiva, poner en marcha el proyecto siguiendo el modelo que te planteamos a continuación.

DISFRUTANDO EL TRAYECTO

Acabamos de iniciar este viaje y ya estamos navegando de lleno en alta mar. Hemos partido de la premisa de que en esta travesía los alumnos se convierten en protagonistas de su propio aprendizaje y desarrollan su autonomía y responsabilidad, ya que son ellos los encargados de planificar, estructurar el trabajo y elaborar el producto para resolver alguna de las preguntas motrices que nos hemos planteado.

La habilidad para resolver problemas no es una simple acumulación de conocimientos, sino que se trata más bien de establecer estrategias que ayudan a analizar situaciones o escenarios para obtener soluciones significativas, fomentando así el pensamiento crítico y las destrezas comunicativas del alumnado para aprender haciendo, aprender de forma colaborativa y encontrar los recursos de aprendizaje más apropiados.

Sin embargo, no pensemos que en este viaje el docente no tiene ningún protagonismo. Por el contrario, debe ser el protagonista del cambio de rumbo que implica pasar de las metodologías de enseñanza más tradicionales a las aguas del ABP. La labor del docente es facilitar y guiar las experiencias de aprendizaje de los estudiantes, de modo que estos sean capaces de detectar lo que necesitan aprender para resolver el problema. Aquí también radica una de las principales diferencias del ABP respecto a otras metodologías cooperativas con las que se asocia. El ABP es un camino abierto, un viaje en el que son los estudiantes quienes deciden qué deben estudiar y aprender, según el problema o la pregunta motriz que los conduce a su destino de aprendizaje.

Así pues, de manera más o menos consensuada, se han establecido unos pasos o fases fundamentales para disfrutar del viaje ABP:

1. **Elegir una pregunta motivadora.** La pregunta tiene que dar sentido al proyecto y hacerlo atractivo y cercano al alumnado, como hemos comentado antes. En esta fase pueden participar los estudiantes en la forma que establezcamos y que dependerá también de su edad, experiencia, nivel de lengua, entre otros. Para facilitar esta tarea, podemos recurrir a preguntas que se hayan planteado en proyectos anteriores, hacer lluvias de ideas en torno a un tema determinado o utilizar plantillas predeterminadas como el Tubric.

2. **Establecer los objetivos, las competencias y los contenidos curriculares que se trabajarán.** Esta es una labor más específica del docente y consiste en ofrecer anclaje curricular al proyecto. Es importante que a la hora de buscar esta concreción curricular vayamos a las fuentes del currículo (en el *MCER –Marco común europeo de referencia para las lenguas–* o en el *Plan curricular del Instituto Cervantes*) y no a otros elementos como los manuales o los llamados temarios, ya que con frecuencia estos últimos están diseñados con un enfoque diferente al ABP o incluso para una metodología didáctica concreta que no se corresponde con este modelo. No te estamos pidiendo que, al menos en una primera instancia, abandones estos otros recursos o modelos curriculares. Simplemente te pedimos que, si decides

trabajar el ABP, no lo hagas al margen del currículo, como un extra o una distracción para pasarlo bien. Revisa el currículo, pon especial atención en los criterios de evaluación, aquellas cosas que, al final del trayecto, vamos a comprobar que sabemos o que sabemos hacer. Comparte esa información con tus estudiantes para que sean conscientes de lo que se espera que aprendan mientras resuelven sus retos.

3. **Definir el producto final.** Qué formato tendrá la respuesta que demos a esa pregunta o reto, qué papel jugará cada estudiante a la hora de mostrar o defender su respuesta, ante quién habrán de hacer dicha defensa y cómo se va a valorar su trabajo, tanto en relación con el producto como con el proceso. Entendemos que esta fase debe ser previa a la elaboración del proyecto propiamente dicha y en ella pueden participar estudiantes y docentes en los términos que se acuerden. Las posibilidades para llevar a cabo experiencias de comunicación en un contexto realista son obvias también aquí.

4. **Formar equipos.** Aunque nuestro proyecto pueda tener fases o momentos de trabajo individual o por parejas, el trabajo cooperativo es esencial en la metodología ABP y, por tanto, es necesario que el docente conozca la forma más eficaz, en su contexto, de establecer grupos heterogéneos y utilice diferentes técnicas de trabajo cooperativo.

5. **Planificar el proyecto y su desarrollo.** Se debe establecer un plan de trabajo completo (plazos, personas responsables y tareas), que quedará visible y compartido durante el tiempo que dure el proyecto. Esta fase también permite cierto debate hasta alcanzar acuerdos, por lo que sigue propiciando oportunidades de mejorar la competencia comunicativa.

6. **Investigar, analizar y acordar.** En esta fase se desarrolla más el proceso autodirigido de aprendizaje. Los estudiantes deben investigar, analizar y alcanzar acuerdos entre ellos para poder avanzar en su propuesta.

7. **Organizar un proyecto mínimo viable.** Se realiza un prototipo del producto final, que será valorado también por los compañeros o por expertos. Se proporcionará *feedback* que pueda ayudar a mejorar la versión definitiva del producto final.

8. **Elaborar el producto.** Se recopila todo lo aprendido, se mejora el prototipo y se elabora el producto final, que se acompaña de evidencias del proceso de trabajo en los términos que se hayan acordado (portafolios individuales o grupales, diarios de aprendizaje, etc.).

9. **Presentar el producto y difundir los resultados.** Se presenta el producto final a los compañeros, pero también se puede mostrar a otros miembros de la comunidad, como la familia, o a expertos, instituciones y medios de comunicación, en función del tipo de proyecto y los objetivos que se persigan. Las posibles valoraciones aportadas por estas personas ajenas al contexto del aula se pueden incorporar al proceso de evaluación, e incluso pueden quedar recogidas como anexo al producto final y para tener en cuenta en futuras ediciones del proyecto.

10. **Evaluar y reflexionar.** Aunque, como ya se ha mencionado, la evaluación debe planificarse desde el principio, dejando claro a los estudiantes cuáles serán los criterios utilizados para evaluarlos, es al final cuando se han de recoger evidencias para la valoración de los diferentes aspectos y fases del proyecto. Aparte de los ya mencionados portafolios y diarios de aprendizaje, el instrumento de evaluación más utilizado en ABP son las rúbricas: matrices de valoración que recogen los diferentes elementos que se valoran y el grado de logro conseguido en cada uno de ellos. Se pueden hacer rúbricas de todo tipo: para evaluar tanto aspectos generales como específicos, para ser utilizadas por el docente, por el propio estudiante o grupo, por el resto de compañeros/as o incluso por el público o agentes externos que participan en la fase de muestra de los productos elaborados. No obstante, el ABP tampoco renuncia, para objetivos concretos, a otros instrumentos de evaluación más tradicionales, como puedan ser las entrevistas o los test.

En todo este trayecto, hay un aliado que aún no hemos nombrado, pero que juega un papel esencial en el ABP, y no es otro que las nuevas tecnologías. Las TIC deben estar integradas en las diferentes etapas del ABP como facilitadoras de todos los procesos que en él se dan, facilitando el aprender haciendo y la elaboración de productos finales o artefactos digitales. Pero, además, las TIC deben estar integradas en el ABP, porque, como hemos dicho, al definir el proyecto debemos relacionarlo con problemas reales que le resulten cercanos al alumnado, y en ese sentido la tecnología se ve como un elemento transversal, cuando no protagonista, de los diferentes ámbitos de nuestra realidad cotidiana.

COMPARTIENDO Y MOSTRANDO

Un verdadero viaje no se puede dar por acabado hasta que no les enseñas las fotos a tus amigos. Una buena sesión de fotos con exhaustivos comentarios sobre cada una de ellas es el complemento ideal que aporta un plus a tu viaje –aunque a medio plazo te haga perder algunos amigos–. De la misma forma, un proyecto que, por definición, tiene carácter social, que pretende acercar o reproducir en el aula lo que ocurre en el mundo exterior en esa otra realidad que puede ser el barrio, el pueblo o ciudad, la comunidad educativa o una comunidad virtual con la que de alguna manera convivimos y nos comunicamos, no puede quedar reducido a las cuatro paredes del aula. El carácter social de nuestro proyecto puede ser tan grande como queramos, desde proyectos del tipo aprendizaje-servicio, en los que, por ejemplo, tenemos que conseguir una mejora para un determinado colectivo, hasta proyectos más de aula, pero que también deben tener cierta trascendencia, al menos, entre los miembros del centro educativo, entidad o institución en la que nos encontremos ubicados.

No obstante, con independencia de dicho carácter social, la presentación pública y difusión del producto elaborado es una de las fases previstas y **programadas** como parte del diseño del proyecto. Debemos, por tanto, prever igualmente y organizar con detalle cuándo, cómo y a quién vamos a mostrar los resultados de nuestro trabajo.

En nuestra cultura escolar y educativa, en general, no es frecuente realizar este tipo de actos, de presentaciones, sobre todo a medida que los estudiantes son mayores. Parece que la modestia es el componente esencial a la hora de compartir cualquier producto y que lo que se hace en el aula se queda en el aula, salvo que sea algo muy concreto para una efeméride. Esto no es así en todas las culturas (véase cualquier capítulo de *Los Simpson*), ni tiene por qué seguir siendo así. El ABP requiere la participación de la comunidad y tenemos que establecer los mecanismos para ello. Por una parte, es importante la organización de alguna presentación en directo con participación de las personas o sectores que hayamos considerado previamente (con la opinión y colaboración de los estudiantes). El hecho de que haya una presentación formal, con público e incluso medios de comunicación, le da una dimensión nueva y motivará a los estudiantes para que sus productos estén mejor terminados y presentados que si solo se hicieran para que los vea el profesor o profesora. Pero, además, para la mayoría de los productos finales de nuestros proyectos, tendremos la posibilidad de presentarlos en alguno de los entornos virtuales de que disponemos y que les darán una nueva dimensión. Si bien hemos hablado antes de herramientas TIC para producir artefactos digitales, no son menos necesarias en el ABP las herramientas y recursos para mostrar nuestros productos. Así, se considera casi imprescindible disponer de un blog de aula donde podamos insertar nuestros productos digitales, que posiblemente estarán alojados en nuestro canal de YouTube en el caso de los vídeos, en nuestra colección de *podcasts* en SoundCloud o, si se trata de producciones escritas o presentaciones, las podemos publicar en nuestro espacio en SlideShare, Issuu o Calaméo. Sin olvidar el impacto que puede tener nuestra presencia en redes sociales, ya sea en Twitter, en Facebook o en ambas, lo que, además de permitir la difusión de nuestras tareas, les dará una dimensión global para la que ya sí tiene más sentido esmerarse en hacerlo bien.

Te animamos a que hagas este viaje. No es necesario dar la vuelta al mundo. Para empezar, basta con algo pequeñito. Habla con tus compañeros y compañeras, navega un poco por la red y, si te animas, cuéntanos tu experiencia. Y si ya eres un viajero experimentado y tienes cosas que aportar en este tema, igualmente, pasa la voz, ayuda a tu compañero o compañera que no acaba de lanzarse, deja que tus estudiantes hablen, ya que a menudo son ellos los mejores embajadores de esta forma de trabajar y, en cualquier caso, comparte tus experiencias. A unos y a otros os lo agradecemos de antemano.

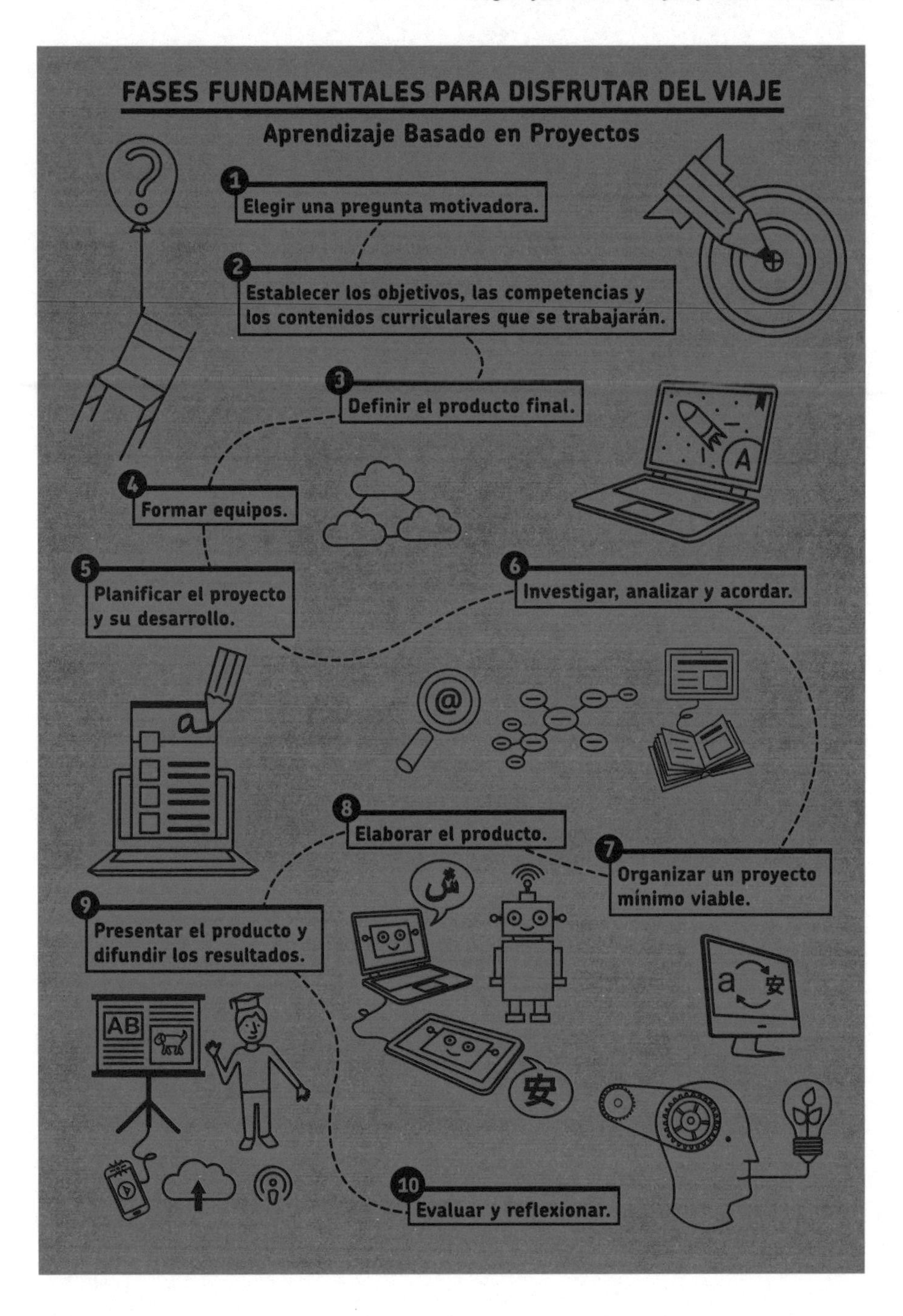
FASES FUNDAMENTALES PARA DISFRUTAR DEL VIAJE
Aprendizaje Basado en Proyectos
1
Elegir una pregunta motivadora.
2
Establecer los objetivos, las competencias y los contenidos curriculares que se trabajarán.
3
Definir el producto final.
4
Formar equipos.
5
Planificar el proyecto y su desarrollo.
6
Investigar, analizar y acordar.
7
Organizar un proyecto mínimo viable.
8
Elaborar el producto.
9
Presentar el producto y difundir los resultados.
10
Evaluar y reflexionar.
A
a
AB
@

BIBLIOGRAFÍA

Blank, W. (1997). "Authentic Instruction". En Blank, W. E. y Harwell, S.(eds.), *Promising Practices for Connecting High School to the Real World*, págs. 15-21. Tampa: University of South Florida.

Dickinson, K. P., Soukamneuth, S., Yu, H. C., Kimball, M., D'Amic, R., Perry, R., et al. (1998). *Providing Educational Services in the Summer Youth Employment and Training Program. Technical assistance guide*. Washington DC: Department of Labor, Office of Policy & Research.

Harwell, S. (1997). "Project-Based Learning". En Blank, W. E. y Harwell, S. (eds.), *Promising Practices for Connecting High School to the Real World*, págs. 23-28. Tampa: University of South Florida.

Pozo, J. I. (2016). *Aprender en tiempos revueltos.* Madrid: Alianza Editorial.

APRENDIENDO CON EMOCIONES EN LA CLASE DE ESPAÑOL PARA ADOLESCENTES

María Pilar Carilla
Athénée Royal de Beaumont

"Ahora más que nunca, la educación debe apuntar al corazón." (E. Punset)

ENSEÑAR ES EMOCIONAR

La emoción es la energía que mueve el mundo, ese motor que llevamos dentro y que nos empuja a vivir en interacción con el mundo que nos rodea. Aunque se había intuido ya desde hace tiempo, la neurociencia confirma hoy el papel central de las emociones en todo el proceso de aprendizaje. Los procesos cognitivos –aprendizaje, atención, memoria, toma de decisiones y conducta social– están profundamente influenciados y entrelazados con los procesos emocionales: aprender requiere inexcusablemente basarse en la emoción. Como señala Francisco Mora, "solo se puede aprender aquello que se ama, aquello que te dice algo nuevo, que significa algo, que sobresale del entorno. Sin emoción no hay curiosidad, no hay atención, no hay aprendizaje, no hay memoria". Pero ¿qué estrategias nos permiten encender la emoción en clase? ¿Cómo podemos lograr emocionar a nuestros estudiantes?

Hay que tener en cuenta que las actividades emocionantes:

- provocan una experiencia: las vivencias, y no otra cosa, constituyen el aprendizaje;
- implican al alumno en su dimensión cognitiva, afectiva y física;
- son momentos memorables;
- proponen retos auténticos;
- fomentan la imaginación;
- ejercitan el pensamiento creativo;
- estimulan los sentidos;
- disminuyen el nivel de ansiedad;
- refuerzan la autoestima;
- nos hacen descubrir y ser conscientes de los pensamientos y sentimientos de los demás (empatía);
- generan responsabilidad y compromiso en los alumnos;
- invitan a cooperar.

CONTEXTO NECESARIO PARA VIVIR EN CLASE ACTIVIDADES EMOCIONANTES

LOS ADOLESCENTES SON SUPERMÁN

Los jóvenes necesitan que les planteemos grandes retos: un intercambio lingüístico tras solo unos meses de aprendizaje, representar una obra de teatro sobre su visión de Europa o sobre el acoso escolar, viajar a Ecuador o a México para colaborar con una ONG han sido experiencias vitales de mis estudiantes adolescentes que quedarán grabadas en sus memorias para siempre.

ESTAR EN SU ELEMENTO

Recuperemos el placer como motor: convirtamos el esfuerzo doloroso en placentero. Se trata de alcanzar y permanecer en el estado de **flujo** en el que entramos cuando nos fundimos en lo que estamos haciendo y perdemos la noción del espacio-tiempo. El psicólogo Mihalyi Csikszentmihalyi acuñó el término *flow* para caracterizar la situación de aquellos estudiantes que están en constante aprendizaje y dejan fluir el conocimiento en cualquier actividad que estén realizando. El especialista en desarrollo de la creatividad Ken Robinson lo llama **encontrar y estar en su elemento**. El elemento es allí donde confluyen las cosas que nos encanta hacer y las que se nos dan bien, el punto de encuentro entre las aptitudes naturales y las inclinaciones personales. En ese lugar mágico nos sentimos llenos de energía y vitalidad. Tenemos que animar a nuestros estudiantes para que descubran su elemento creando un entorno propicio con las circunstancias adecuadas para que emerjan sus talentos.

CREAR UN ESPACIO PROPIO

Dibujemos nuestro escenario de aprendizaje con el lápiz de la complicidad. Es esencial que nuestros alumnos adolescentes se sientan parte de una comunidad, con su arquitectura propia, sus paisajes emocionales compartidos y sus rituales consensuados, en la que puedan evolucionar con alegría y seguridad. Disponer las mesas en círculo, celebrar los cumpleaños, dar la clase en el patio cuando hace buen tiempo, decidir una serie de prendas divertidas que los alumnos tienen que pagar cuando no cumplen las normas establecidas por el grupo o cuando llegan tarde a clase, organizar meriendas, concursos de tortilla de patatas, salir a la calle a grabar vídeos, hacer gimnasia en clase, jugar, hablar español fuera de clase… son cosas que definen el espacio de complicidad de mis clases y que las distinguen de las demás.

SORPRENDER

Hay que desterrar la rutina de nuestras clases. Para evitar el apagón emocional de nuestros estudiantes, encendamos al entrar en clase la luz de la curiosidad: tenemos que sorprenderlos. La emoción y la curiosidad van unidas. Como dice Francisco Mora, "nada que no pase por la emoción nos sirve en nuestro aprendizaje. Hay que abrir a los niños la puerta de la curiosidad. Hay que empezar la clase despertándolos. La curiosidad es la única llave que abre la atención, que es la puerta del conocimiento". Colocar encima de las mesas patatas, alcachofas o tomates antes de que entren en clase para abordar la poesía de Neruda, acogerlos con una cita de un pensador escrita en la pizarra, con una canción que suena, con imágenes que despierten su imaginación, hacer unos minutos de *mindfulness* o unos ejercicios de gimnasia cerebral son algunas de las cosas que hago al comenzar la clase para liberar a mis estudiantes del tedio de la rutina escolar. Estas estrategias anuncian a los alumnos el comienzo de la clase apartándolos de sus propias preocupaciones y actividades a base de atraer su atención hacia otra cosa: los ayudan a hacer la transición de manera placentera. De esta forma no establecemos con ellos una lucha de poder, un conflicto de voluntades; entablamos la comunicación sin recurrir a las frases tradicionales de profesor "guardad silencio", "vamos a empezar la clase", "abrid el libro". Se trata de captar y redirigir la energía de los alumnos, en vez de plantear una oposición frontal en la que vamos a perder tiempo, energía y muchas emociones positivas.

RECURSOS PARA SORPRENDER Y PREPARAR PARA EL APRENDIZAJE

- **Respirar el ahora.** El *mindfulness* o atención plena es una forma de meditación de origen budista muy sencilla que consiste en tomar consciencia del momento presente dirigiendo toda la atención a pensamientos y sensaciones corporales con una actitud positiva de aceptación. Se trata de introducir momentos de sosiego en nuestras vidas aceleradas por la multitarea a través de una respiración consciente que nos conecte con la energía vital del aquí y ahora. La práctica de *mindfulness* se ha comenzado a introducir en las escuelas con muy buenos resultados. Es beneficiosa por muchas razones: potencia la memoria, mejora la concentración y la atención, fomenta relaciones interpersonales sanas, reduce la ansiedad, el estrés y la fatiga, refuerza la autoestima y potencia la empatía. En resumen, fomenta el equilibrio emocional, favorece el bienestar general y la disposición para aprender y enseñar. Podemos encontrar en la red muchos vídeos para guiar estas meditaciones acompañadas en clase.

- **Conectar los dos hemisferios cerebrales.** El *brain gym* o gimnasia del cerebro es la base de la kinesiología educativa. Este método fue creado en los años 80 por el Dr. Paul E. Dennison y su esposa para resolver los problemas de lectura que presentaban niños y adultos. La gimnasia cerebral se basa en el vínculo existente entre el movimiento y las funciones cerebrales implicadas en el aprendizaje. Se trata, por lo tanto, de ejercicios pensados para conectar los dos hemisferios del cerebro y provocar así un mayor nivel de concentración, creatividad, mejorar las habilidades motrices y propiciar el aprendizaje. Uno de los ejercicios básicos es el *cross*, que consiste en cruzar una mano con la pierna contraria, con movimientos alternados. Es una indicación para que los dos hemisferios se crucen y poder usar ambos para procesar la información. También hacer garabatos con las dos manos, pensar y dibujar una X o hacer ochos acostados con el dedo. Son ejercicios muy sencillos que se pueden hacer para iniciar la clase o como pausa entre dos actividades.

- **Visualizar con el fotolenguaje.** Esta técnica fue creada por Baptiste y Belisle en 1975 y consiste en exponer una serie de fotos variadas y plantear una pregunta. Cada persona debe escoger una fotografía para después explicar por qué la escogió y qué siente. Antes de que los alumnos entren en el aula, el profesor dispone las fotos encima de las mesas y los recibe dando la consigna para que elijan la fotografía. Por ejemplo, pidiéndoles que se sienten al lado de la foto que se corresponde mejor con su paisaje emocional del día, el lugar en el que les gustaría estar en ese momento, la persona a la que les gustaría tener como amigo o amiga, la habitación en la que se sentirían bien o el plato que les gustaría comer. De esta manera, los estudiantes empiezan la clase conectando con su mundo interior, expresándolo y compartiéndolo con sus compañeros; además, rompen de manera natural con la rutina de sentarse siempre en el mismo sitio en clase.

LOS PROTAGONISTAS SON LOS ALUMNOS

A los profesores nos gusta mucho hablar, disfrutamos explicando, pero a nuestros alumnos de secundaria les cuesta y los aburre escuchar. La mayoría de las veces tampoco podemos comprobar si nos entienden de verdad. Como dice el profesor de secundaria Toni Solano en su blog *Re(paso) de lengua,* "explicaciones, las justas". En vez de tanto explicar, se trata de preparar itinerarios de aprendizaje por los que los alumnos puedan circular libremente, colaborando con los compañeros y supervisados por el profesor: observar textos para descubrir reglas gramaticales, dibujar esquemas para explicitar el uso de tiempos verbales, visualizar el vocabulario con un mapa mental o compartir información obtenida en textos diferentes. Como profesores, tenemos que provocar en clase vivencias en las que los alumnos sientan de verdad que son ellos los auténticos actores protagonistas de su aprendizaje.

TRABAJO POR PROYECTOS

Acabemos con el aburrimiento, pasemos de las actividades de memorización a las actividades memorables. Tenemos que transformar los simulacros de aprendizaje en auténticas vivencias que dejen huella emocional en la memoria. La metodología del aprendizaje de trabajo por proyectos será nuestra mejor aliada en esta empresa de enseñar a partir de proyectos concretos y auténticos que motiven y transformen a nuestros alumnos.

El corazón de un proyecto es siempre un reto auténtico que desafía y estimula: crear una radio (Europa +), una baraja de héroes europeos, inventar una ciudad surrealista, crear una canción para un proyecto, actualizar una leyenda local, hacer la maqueta del instituto ideal, darle forma con barro a la evaluación de un año, hacer que vivan y hablen los cuadros, inventar una civilización imaginaria, grabar un paisaje sonoro, un telediario de buenas noticias o entrevistar a personajes históricos son algunas de las tareas memorables que forman parte del recuerdo de mis estudiantes cuando vuelven a pasar las imágenes, físicas o mentales, de las clases de español a través del corazón.

Para responder a ese reto, nuestros alumnos tendrán que abandonar su zona de confort investigando, reflexionando, decidiendo, revisando, hasta llegar al producto final. Es importante que lo realizado por los alumnos sea difundido fuera del aula, a través de blogs, páginas web del centro o redes sociales, porque la autoexigencia sobre el resultado de la actividad es mucho más alta que si se limita a las paredes de la clase. Tenemos que abrir las puertas y ventanas de nuestras aulas y conectarlas al mundo real y al virtual. De esta manera, la dimensión social del aprendizaje cobrará toda su importancia y dejará de ser un intercambio privado y de interés muy limitado entre el profesor y sus estudiantes.

LA TECNOLOGÍA NO LO ES TODO

Seamos críticos también con el uso de las TIC. Estemos atentos a que no se utilicen como un barniz para hacer brillar actividades poco significativas y tengamos siempre en mente que su función principal es la de facilitar la interacción, el trabajo colaborativo con personas cercanas y de otros países. No olvidemos nunca la importancia de configurar una conexión de banda ancha entre todas las personas de la clase.

HERRAMIENTAS PARA CONSTRUIR UNA ARQUITECTURA COLABORATIVA

EL APRENDIZAJE COOPERATIVO

"Ninguno de nosotros es tan inteligente como todos nosotros juntos." (Proverbio japonés)

Con el aprendizaje cooperativo experimentamos en clase que realmente es posible vivir juntos, abrirse a los demás sin miedo, sin renunciar a lo que uno es, pero buscando y aceptando las posibilidades que los demás ofrecen. Gracias a las técnicas y dinámicas del aprendizaje cooperativo podemos aprovechar al máximo en clase la riqueza de las diferentes maneras de aprender de cada alumno. Los estudiantes construyen activamente su conocimiento buscando informaciones, negociando soluciones, dividiéndose el trabajo, compartiendo ideas, resolviendo necesidades, creando un clima social positivo y respetuoso con las diversidades, autoevaluando la consecución de los objetivos y monitorizando sus propias dinámicas de grupo. Dentro del equipo, deben animarse, ayudarse, corregirse tanto en sus producciones como en sus comportamientos y actitudes.

Trabajar dentro de un equipo cooperativo implica que no es posible esconderse detrás del grupo. Cada estudiante miembro del grupo es responsable de manera individual de parte de un trabajo final que no puede ser completado a menos que los miembros trabajen juntos; en otras palabras, los miembros del grupo son positivamente interdependientes.

ETWINNING

Esta plataforma nos ofrece una manera sencilla y efectiva de construir colaborando en proyectos europeos de calidad. eTwinning promueve la colaboración escolar en Europa utilizando las tecnologías de la información y la comunicación y apoya a los centros escolares prestándoles las herramientas y los servicios necesarios para desarrollar un proyecto en común: perfil y muro de cada usuario, mensajería interna, chat, videoconferencia, foro, sala de profesores, biblioteca de documentos, diario del proyecto para publicar las actividades más relevantes, edición de páginas colaborativas, como una wiki.

Para entrar en eTwinning hay que darse de alta y después buscar socios en función de las áreas y temáticas que nos interesan. Una vez que tenemos el proyecto, la plataforma nos cede un espacio – el Twinspace – para que podamos realizarlo.

Para colaborar eficazmente en eTwinning es aconsejable:

- organizar equipos de trabajo internacionales para que alumnos de diferentes países trabajen juntos;
- establecer un buen plan de comunicaciones con plazos y objetivos claros y previendo las herramientas que van a utilizar;
- plantear productos finales en los que el trabajo de todos se mezcle en un único resultado.

Gracias a eTwinning he conocido a profesores fabulosos y hemos realizado proyectos apasionantes y tan creativos como la simulación de una ciudad surrealista, Bruselaris, y la radio web Europa +.

"Bruselaris" nos permitió ponernos en la piel de los artistas surrealistas y vivir la vida como arte y el arte como vida. Basado en el principio de la simulación, cada alumno tenía que crear su identidad surrealista y entre todos construir la ciudad Bruselaris, con sus dos barrios: Brusel, el barrio de los alumnos belgas, y (P)aris, el barrio de los alumnos franceses. Después había que instalarse en la ciudad, encontrar compañeros para compartir casa, difundir las noticias de la ciudad en un telediario y convocar elecciones para elegir al alcalde.

Con el proyecto "Radio Europa +" los alumnos descubrieron el mundo de la radio, sus géneros, sus maneras de trabajar a partir de guiones estructurados, el uso de la voz para desarrollar su capacidad de expresarse en lengua extranjera. También aprendieron a trabajar en equipos establecidos según los roles habituales de la radio (coordinador, locutor, redactor, operador técnico). Además, nuestra radio web reflejaba una visión positiva de Europa como un espacio de paz, convivencia y tolerancia.

ERASMUS +

El programa Erasmus +, que entró en vigor en 2014, engloba todas las iniciativas de educación, formación, juventud y deporte. En materia educativa agrupa los diferentes proyectos sectoriales anteriores: Comenius (escolar), Leonardo (formación profesional), Erasmus (enseñanza superior) y Grundtvig (formación de personas adultas). Cuenta con dos modalidades: KA1, movilidad de las personas por motivos de aprendizaje, y KA2, cooperación estratégica para la innovación y el intercambio de buenas prácticas.

Con los proyectos Erasmus + KA2 la colaboración se extiende a todos los niveles: entre profesores y alumnos del mismo centro y con los profesores y alumnos de todos los centros asociados. Estos proyectos abren las puertas y las ventanas de las escuelas para que el viento del entusiasmo creativo aporte nuevas energías y prácticas novedosas.

NUESTROS GRANDES ALIADOS PARA APRENDER CON EMOCIONES

LAS DINÁMICAS DE INTELIGENCIA EMOCIONAL

Como profesores, debemos propiciar la adquisición de las competencias emocionales de nuestros alumnos adolescentes para que puedan reconocer las emociones que viven, regularlas en situaciones propicias y adversas, ponerse en la piel de los demás y comprender los sentimientos ajenos, así como establecer relaciones sanas con los que los rodean. De esta manera, además de aprender mejor en clase, estarán capacitados para adoptar una actitud positiva ante la vida y alcanzarán un mayor bienestar individual y social. Es la gran aventura humana que se nos plantea a los profesores de secundaria: hacer que nuestros estudiantes sean mejores personas, darles el impulso para convertirse en seres capaces de cambiar el mundo.

Para adquirir las competencias emocionales conviene programar regularmente actividades en clase: presentaciones en positivo, encontrar los puntos en común, diferentes dinámicas para conocer a los demás (bingos, “encuentra a alguien en la clase que…”, la estrella…), la cadena de cumplidos, un minuto para agradecer, etc. Hay referencias con este tipo de actividades explicadas en la bibliografía.

LOS JUEGOS

El juego proporciona al alumnado todos los componentes emocionales de desafío e interacción personal en una atmósfera distendida y espontánea. Los juegos en clase aportan el estado de fluidez (*flow*) que nos permite comprometernos disfrutando: el alumno aumenta su conocimiento, desarrolla estrategias libremente y obtiene, al mismo tiempo, una mayor confianza en sus habilidades. Los juegos proporcionan un excelente entorno positivo para aprender de manera natural a través de los errores, nos conectan con los demás, fomentan la creatividad, desarrollan nuestras habilidades sociales y nos enseñan a ser perseverantes.

Pocas actividades me dan mayor satisfacción en clase que la de ver a mis alumnos aprendiendo y disfrutando a la vez, esforzándose y dando lo mejor de sí mismos, con energía y entusiasmo, sintiéndose libres. Hay una magia en el aula que pocas otras actividades superan. El hombre se siente libre cuando juega. Niños, jóvenes y adultos se revelan otros jugando. Los muy serios nos sorprenden intentando hacer trampas, los tímidos encuentran la ventana que les permite comunicar sin sufrir con los demás, los revoltosos se tranquilizan, los tranquilos se alteran en una bellísima metamorfosis de lo humano. Los estudiantes olvidan sus miedos, sus reparos, sus funcionamientos habituales para entregarse a su equipo con entusiasmo en el desempeño de la actividad.

EL TEATRO

Las actividades teatrales desarrollan la comunicación, la creatividad, la empatía, la escucha y la confianza. Refuerzan la motivación y el entusiasmo hacia la escuela, aumentan nuestra capacidad para gestionar las emociones y desarrollan la asertividad. A través del teatro los adolescentes pueden expresar sus sentimientos, perfeccionar el lenguaje y la expresión corporal, así como desarrollar sus habilidades sociales.

Las técnicas teatrales se pueden utilizar en muchas ocasiones y son muy útiles en el comienzo de curso para romper el hielo, cohesionar el grupo e insuflar una buena dinámica en nuestras clases. También se puede realizar un proyecto cuyo eje principal es el teatro. En mis clases de secundaria hemos hecho varios en proyectos europeos:

- "¿Dónde vas, Europa?" Una obra de teatro escrita por alumnos y profesores sobre las visiones que tienen de Europa los jóvenes, alternando el presente, el futuro y el pasado.
- "Suzette (marche ou crève)". Una obra de teatro representada por dos clases de 4.° de ESO en lengua extranjera, francés y español, sobre el acoso escolar.
- "Picasso y Delacroix". Partiendo de dos cuadros, *La Libertad guiando al pueblo* de Delacroix y el *Guernica* de Picasso, los alumnos se preguntan, investigan y escenifican cómo está representada la libertad y la lucha por los derechos humanos en estas dos obras.

LA CREACIÓN ARTÍSTICA

Con este tipo de actividades queremos abordar el arte como vivencia positiva, despertar la mirada y el impulso creador de los estudiantes.

A PARTIR DE OBRAS DE ARTE

- Cuadros que hablan: ponerse en la piel de los personajes de los cuadros, imaginar qué sienten, cómo viven, qué pueden decirse y escenificarlo, entrevistar a los personajes que aparecen en el cuadro o hacer improvisaciones teatrales en las que dos grupos de alumnos se enfrentan para inventar una escena de uno o dos minutos (con mimo teatral o algunos diálogos básicos) a partir de cuadros que se proyectan.

- Convertirse en el personaje de un cuadro o en una estatua bajo las órdenes de un compañero que indica la posición correcta de cada personaje a partir de la fotografía de la pintura o escultura.
- Ponerle música a un cuadro, inventar una pequeña coreografía y dar instrucciones a los compañeros para que la ejecuten bailando.
- Realizar un montaje para actualizar un cuadro relacionándolo con acontecimientos de la actualidad (por ejemplo, el *Guernica* de Picasso a la luz de la crisis de los refugiados).
- Reconocer y expresar por escrito las emociones que viven en los cuadros.

A PARTIR DE UN PINTOR

- Pintar como Picasso: activar el vocabulario del cuerpo humano y el lenguaje de las instrucciones explicando y dibujando en parejas cuadros de Picasso.
- Crear un mural colectivo expresando nuestras emociones con el lenguaje iconográfico de un determinado pintor.
- Elaborar un mapa mental sobre su obra y su vida.

EL ARTE COMO RECURSO DE EXPRESIÓN

- Para darse a conocer: presentarse con un *selfie* creativo, pintar su autorretrato o el retrato de un compañero eligiendo un determinado estilo artístico, dibujar un bodegón con los objetos que son importantes para los estudiantes o con sus alimentos preferidos o con la comida representativa de una región o país.
- Para presentar la escuela: fotografías creativas para recordar actividades en las que los estudiantes se sintieron bien aprendiendo, momentos en los que experimentaron en el instituto que nada era imposible, que estaban en su elemento. Deben reproducir esos momentos y fotografiarlos de manera original, con una intención estética; se les puede añadir un paisaje sonoro.

ARTE CON PALABRAS

- Ludogramas: invitar a los estudiantes a expresar de manera plástica las palabras que les gustan o que les resultan difíciles de memorizar.
- Micropoemas en pósits para el mural de la poesía del aula o de la escuela.
- Pósteres e infografías con frases motivadoras realizados por los alumnos.
- Poesía visual en las paredes.

- Elaborar un diccionario de palabras tristes, alegres, felices, amantes, furiosas, miedosas y sorprendidas. Posteriormente, convocar certámenes de microrrelatos y micropoemas en las diferentes categorías de palabras.
- Emocionario: los alumnos ilustran con fotos, dibujos y frases las diferentes emociones.

EL ARTE PARA TRANSFORMAR EL ESPACIO

- Instalaciones artísticas en el aula o la escuela.

LA MÚSICA

La canción es una combinación entre lenguaje y música. Al unirse lenguaje y emociones, se ponen en marcha los dos hemisferios cerebrales. Las actividades musicales producen emociones positivas, como la conexión con los demás o la alegría, reduciendo las negativas como la ansiedad, el miedo o la inhibición. Las canciones son un poderoso recurso para el aprendizaje, porque sumergen a los estudiantes de manera grata en la lengua y en la cultura que están aprendiendo.

Como profesores, podemos plantear actividades con canciones que tengan como objetivo principal expresarse, conectar con los demás y sentirse bien en el grupo:

- Canciones dedicadas: consiste en dedicarles canciones a cada uno de los compañeros de clase explicando por qué creen que les va a gustar. Esta actividad moviliza la competencia emocional de ponerse en la piel del otro: la empatía. Podemos dedicar un momento especial en clase cada semana a organizar este espacio musical.
- La lista *top* de la clase: se trata de ponerse de acuerdo y establecer la lista de las canciones preferidas de la clase. La actividad se puede estructurar de muchas maneras: por ejemplo, los alumnos entrevistan a compañeros españoles sobre sus gustos musicales o sobre las canciones que se escuchan más en España, nos informamos con la lista de Los 40 Principales o con otras listas que hay en internet, cada alumno presenta en clase una canción que le gusta, etc. Una vez confeccionada la lista, podemos poner las canciones como música de fondo cuando los alumnos trabajan en clase, así la música contribuirá a crear la identidad del grupo: las canciones serán como un pegamento emocional sonoro. Y si hay una megafonía en la escuela, se puede proponer organizar una semana hispana y difundirlas para marcar el cambio de clase en lugar del timbre.
- Nuestros talentos musicales: ¿quién sabe cantar o tocar un instrumento? Llevar una guitarra a clase y acoger a los alumnos cantando una canción es un recurso

muy potente que crea mucha magia en el aula. Podemos animar después a que los alumnos hagan lo mismo y descubriremos así muchos talentos ocultos.

- La canción o el estribillo de la clase: consiste en adaptar o inventar una canción o una parte de una canción como "lema" de la clase. Crea mucha cohesión y alegría. Podemos ir más lejos y proponer a nuestros estudiantes grabar el clip de la canción o un *flashmob*.

LAS PRODUCCIONES VIDEOGRÁFICAS

Los adolescentes viven inmersos en una cultura visual, pasan mucho tiempo viendo vídeos y algunos de nuestros alumnos tienen sus propios canales en YouTube. Podemos aprovechar que nuestros alumnos son expertos en este tipo de lenguaje para proponerles nuevos retos de aprendizaje en los que, experimentando con la tecnología, podrán colaborar entre ellos, tomar iniciativas, crear un proyecto colectivo, disfrutar y, si le dedican tiempo y energía, entusiasmarse y brillar.

La grabación de un vídeo es una actividad creativa que implica muchas tareas y roles diferentes: la producción (la escritura del guion, determinar los escenarios y los diferentes actores), la realización (el *storyboard*, la cámara, el vestuario, el maquillaje) y la posproducción (el montaje y la edición). Además, habrá que prestar una atención especial a la pronunciación, la expresión corporal y emocional de los actores. Los alumnos pueden crear historias, elaborar presentaciones originales sobre diferentes temas; también se puede organizar un concurso de cortometrajes en clase. Mis experiencias en el aula demuestran que con este tipo de actividades aumenta la autoestima de los estudiantes y el nivel de compromiso individual y de grupo en el éxito de la tarea.

En conclusión, esperamos que el crecimiento de la competencia emocional de alumnos y profesores, gracias a las diferentes actividades planteadas en el presente artículo, determine la transformación de nuestras escuelas para (r)evolucionar de una educación desconectada de las vivencias de los adolescentes a una educación que provoque un raudal de experiencias, en las que nuestros chicos puedan fluir, emocionarse y aprender.

¿Te apuntas?

BIBLIOGRAFÍA

Acaso, M. (2013). *rEDUvoltion*. Barcelona: Espasa Libros.

Bisquerra, R. (coord.); **Punset, E., Lora, F., Garcia, E., Lopez-Cassa, E., Pérez-González, J. C., Lantieri, L., Nambiar, M., Aguilera, P., Segovia, N., Planells, O.** (2012). *¿Cómo educar las emociones? La inteligencia emocional en la infancia y en la adolescencia*. Barcelona: Hospital Sant Joan de Déu. Disponible en: http://faros.hsjdbcn.org/adjuntos/2232.1-Faros%206%20Cast.pdf.

Csikszentmihalyi, M. (1997). *Fluir (flow). Una psicología de la felicidad*. Barcelona: Editorial Kairós.

Dennison, P. E. y Dennison, G. E. (2003). *Cómo aplicar gimnasia para el cerebro*. Ciudad de México: Editorial Pax México.

González, R. y Villanueva, L. (2014). *Recursos para educar en emociones. De la teoría a la acción*. Barcelona: Ediciones Pirámide.

Martín, C. (1995). *La alternativa del juego*. Madrid: Cyan.

Martínez, M. (2012). *Clase de música: actividades para el uso de canciones en clase de español*. Barcelona: Difusión.

Mora, F. (2013). *Neuroeducación*. Madrid: Alianza Editorial.

Novara, D. y Passerini, E. (2005). *Educación socioafectiva: 150 actividades para conocerse, comunicarse y aprender de los conflictos*. Madrid: Narcea.

Pujolàs, P. (2008). *9 ideas clave. El aprendizaje cooperativo*. Barcelona: Graó.

Robinson, K. (2009). *El elemento. Descubrir tu pasión lo cambia todo*. Madrid: Grijalbo.

Schoeberlein, D. (2012). *Mindfulness para enseñar y aprender. Estrategias prácticas para maestros y educadores*. Madrid: Gaia Ediciones.

Vaello, J. (2005). *Las habilidades sociales en el aula*. Madrid: Santillana.

Vergara, J. J. (2015). *Aprendo porque quiero. El aprendizaje basado en proyectos (ABP), paso a paso*. Madrid: Ediciones SM.

CUESTIONES GENERALES PARA NIÑOS Y ADOLESCENTES

9

EL ENFOQUE LÚDICO EN LAS AULAS DE ESPAÑOL PARA NIÑOS Y JÓVENES

Francisco Herrera y Vicenta González
CLIC International House Cádiz y Universitat de Barcelona

EL ENFOQUE LÚDICO: TRES FORMAS DE ACCEDER AL APRENDIZAJE DESDE EL JUEGO

Desde sus inicios como disciplina de estudio, la pedagogía ha tratado de encontrar, junto con la psicología, el sitio exacto que ocupa el juego en el desarrollo infantil en todos sus aspectos: desde el puramente psicomotor hasta el actitudinal o social. Aunque Lev S. Vigotsky apenas dedicó un breve capítulo al papel del juego en el proceso madurativo del niño en su ya clásico *El desarrollo de los procesos psicológicos superiores,* es evidente que este autor considera lo lúdico como una de las claves del aprendizaje.

Por su parte, otro de los grandes clásicos del pensamiento pedagógico moderno, Jean Piaget, afirma en *Psicología y pedagogía* que "el juego, en sus dos formas esenciales de ejercicio sensomotor y simbolismo, es una asimilación de lo real a la actividad propia que proporciona a esta su alimento necesario y transforma lo real en función de las múltiples necesidades del yo".

Por lo tanto, desde los planteamientos psicopedagógicos más teóricos la relevancia del juego como resorte educativo no plantea dudas. Una cuestión diferente es la de su reflejo en la realidad de las aulas. A menudo, el papel que juega lo lúdico en la programación de clases es poco significativo, ocupa un espacio casi irrelevante o se utiliza como alternativa de poca consistencia a planteamientos didácticos más tradicionales.

Esta concepción resta eficacia a los disparadores motivacionales de los componentes del juego e impide que estos mecanismos tengan un desarrollo apropiado en un entorno de aprendizaje. Es fundamental, por lo tanto, entender la naturaleza poliédrica del hecho lúdico para utilizar sus elementos de una forma eficaz. Aunque hay maneras muy variadas de acercar ambos polos, el enfoque didáctico del juego se organiza en torno a tres propuestas básicas: la que se basa en juegos ya existentes, la que desarrolla juegos ex profeso para el aprendizaje y la que utiliza los componentes del juego para incrustarlos en la planificación y la gestión de la clase.

La primera de estas opciones, conocida como **aprendizaje basado en el juego** (GBL por sus siglas en inglés), se basa en la idea de que podemos aprovechar todo el potencial de los artefactos lúdicos, sean del tipo que sean, para sacarles el mayor partido didáctico posible y crear así itinerarios de enseñanza específicos usando tanto juegos clásicos como propuestas digitales o videojuegos. Probablemente la campaña de GBL más conocida hasta el momento sea "Quest to Learn", desarrollada por el Institute of Play en una escuela pública de Nueva York y cuyo objetivo es aumentar la implicación de los alumnos en su propio aprendizaje.

En las últimas décadas han empezado a hacerse más visibles las propuestas de lo que se conoce como ***serious games***: juegos completamente orientados a la consecución de objetivos externos al hecho lúdico. Estos juegos serios se han hecho muy habituales en campos como la mercadotecnia o los recursos humanos e incluso en ámbitos tan alejados como las causas sociales, el ejército o el sistema de salud. Michael y Chen (2006) proponen la siguiente definición de *serious games:* "games that use the artistic medium of games to deliver a message, teach a lesson or provide an experience". Esta conceptualización puede resultar bastante ambigua, pero nos sirve como un primer acercamiento a la noción que nos ocupa. En este sentido, Gómez (2014) aclara que "un *serious game* suele ser el resultado de la elaboración de un diseño como tal que busque los dos objetivos (entretener e instruir), no alcanzarlos por una mera casualidad accidental".

La tercera propuesta que forma parte de este enfoque lúdico no es otra que la conocida como **gamificación**. Este concepto ha sido claramente definido por Deterding, Dixon, Khaled y Nacke (2011) como *th*e "use of game design elements in non game contexts". Sin embargo, en los últimos años han aparecido conceptualizaciones mucho más específicas, como la que propone Nicholson (2012) con la idea de **gamificación significativa**, basada en el desarrollo de las necesidades del usuario, que se convierte así en codiseñador de la experiencia: "meaningful gamification is the integration of user-centered game design elements into non-game contexts". De este modo, si ponemos a trabajar juntos los conceptos de contenido generado por el participante y gamificación significativa, nos vamos a encontrar con un ecosistema de aprendizaje en el que los usuarios tendrán la posibilidad de:

- crear sus propias herramientas para llevar a cabo las tareas,
- diseñar sus propios sistemas de niveles y logros,
- desarrollar sus propias formas lúdicas de implicación en la actividad y
- compartir los contenidos creados con otros usuarios.

¿QUÉ PAPEL TIENE EL JUEGO EN LAS AULAS DE SEGUNDAS LENGUAS?

Sin embargo, cuando echamos un vistazo a la historia reciente de la didáctica de segundas lenguas veremos que todas las corrientes y enfoques que se han llevado al aula en las últimas décadas han tenido una relación poco fructífera con el juego como motor de aprendizaje. Ni siquiera el cambio de paradigma que supuso en su momento la irrupción de la ola comunicativista, con su prolongación en el enfoque por tareas, o el descubrimiento de la relevancia de los aspectos afectivos en el aula han dado pie a propuestas en las que la dimensión lúdica ocupe un lugar de preferencia.

Es evidente, por lo tanto, que la inclusión de propuestas didácticas en la enseñanza de una L2 dentro del enfoque lúdico se ha ido realizando en una trayectoria que podemos definir como perpendicular, nunca paralela, a la de las innovaciones pedagógicas. En este sentido, a menudo cuando se analizan los ejemplos de juegos en la clase de segundas lenguas, tanto en la publicación de materiales como en los planes de clase, se tiene la sensación de que son incoherentes con el enfoque didáctico en el que se insertan.

El juego por sí mismo crea un contexto lo suficientemente rico como para propiciar el desarrollo y la producción de lengua. Los juegos pueden ser positivos en las clases de lengua si se emplean de forma correcta. En el juego, el aprendizaje debe ser el objetivo y la producción contextualizada del lenguaje debe ser el resultado. Así, retomando a Piaget, es evidente que las ventajas del juego quedan patentes cuando se observa que las primeras emisiones verbales de los niños están ligadas al juego simbólico o a la imitación. Por tanto, se espera que el elemento lúdico cobre un papel relevante en la enseñanza de lenguas también por su valor en el desarrollo social, intelectual y lingüístico. En la misma línea, y siguiendo también las teorías interaccionistas de Vigotsky, vemos otros autores, como Rodríguez y Varela (2004) o Pisonero (2004), que insisten en que el juego en la enseñanza a edades tempranas ayuda a centrarse en la tarea más que en la lengua, lo que promueve la motivación y baja los niveles de ansiedad. Asimismo, el juego facilita el andamiaje al propiciar la colaboración entre los participantes y utilizar en muchos casos fragmentos de discurso prefabricado.

Como es sabido, las actividades para niños han de posibilitar el aprendizaje inconsciente, que no requieran una reflexión metalingüística que evidentemente los niños no pueden hacer. Para conseguirlo, las actividades deben ser significativas para el aprendiente, por lo que toda tarea dentro del aula debe tener significado en sí misma y en ese mismo momento y estar relacionada con algo inmediato, algo que fácilmente se puede conseguir a través del juego. Para el alumno, el objetivo de la tarea no es el aprendizaje de la lengua meta, aunque para el docente sí lo sea. El niño percibe las actividades de lengua como un juego o una tarea más o menos entretenida en la que participar.

También en la enseñanza a los más pequeños se ha de tener en cuenta el tiempo de atención que pueden mantener realizando la misma actividad, por lo que se recomienda que sean juegos cortos, que incorporen movimiento, como actividades de respuesta física, y manipulación de objetos, como recortar, pegar o colorear.

Si nos centramos en la enseñanza a adolescentes, puede afirmarse que esta se caracteriza por la importancia que cobra la motivación por el aprendizaje en esa etapa de la vida. En la enseñanza de lenguas extranjeras, la motivación viene dada, mayoritariamente, por lo que los alumnos pueden hacer con esa lengua. Así, en la enseñanza del inglés como lengua extranjera, sabemos que la música, el cine, los cómics o los videojuegos pueden ser una fuente de motivación que, bien canalizada, favorece el aprendizaje también en el aula. En cambio, en la enseñanza de español como lengua extranjera, no tenemos tantas posibilidades a partir de la música, las series o los videojuegos, por lo que los profesores hemos de buscar otras fuentes de motivación. Es aquí donde el juego aparece como un elemento clave. Por supuesto, no se trata de jugar por jugar, sino de partir de las experiencias lúdicas de nuestros alumnos (investigando a qué juegan, por qué, cuánto tiempo le dedican o qué características tienen sus juegos) para incorporar propuestas motivadoras y adecuadas a sus gustos y a su franja de edad.

Se ha de entender que los juegos no son solamente premios o actividades para rellenar las sesiones de enseñanza, como tradicionalmente se han considerado. Es importante verlos como herramientas muy eficaces para trabajar los objetivos de enseñanza de una manera lúdica e indirecta y conseguir así que los estudiantes se centren en el juego, sin necesidad de hacer explícito el trabajo de los objetivos de aprendizaje. Por tanto, gracias al juego es fácil motivar al alumno desmotivado para que se implique en la actividad y a la vez se vea obligado a utilizar unas ciertas habilidades lingüísticas (previamente establecidas) para lograr un objetivo, sea este un premio o una victoria.

Como es evidente, el juego puede verse desde una perspectiva competitiva, pero también desde un enfoque de equipo: muy a menudo se necesita la colaboración entre los diferentes miembros del grupo para alcanzar unos objetivos. Debemos tener en cuenta esta naturaleza colaborativa del juego para relacionarla directamente con los nuevos enfoques didácticos basados en el aprendizaje cooperativo.

En su momento, Cassany (2003) nos mostró las diferencias entre el aprendizaje en el grupo, de forma individual y el aprendizaje en equipo o de forma cooperativa. Como se puede ver a continuación, las características del aprendizaje cooperativo coinciden con los elementos que podemos encontrar en el juego:

- la heterogeneidad en la formación de los equipos,
- la interdependencia positiva,
- la interacción estimuladora y productiva,
- la responsabilidad individual y grupal y
- el control metacognitivo del grupo.

LOS COMPONENTES DEL JUEGO EN LA PLANIFICACIÓN Y LA GESTIÓN DE LA CLASE

Como ya hemos comentado previamente, la incorporación de juegos en la enseñanza de ELE se puede hacer de dos formas diferentes: el uso del juego para reforzar o practicar algún objetivo de enseñanza o el juego integrado en las planificaciones de nuestras clases.

Tradicionalmente, el juego ha sido un elemento siempre presente en las aulas de lenguas extranjeras y son varios los autores que nos ofrecen clasificaciones de juegos que pueden utilizarse en el aula según los objetivos que se persigan. Dentro de estas taxonomías, las hay que presentan clasificaciones de los juegos que se utilizan en el aula de lenguas extranjeras, bien centrándose en su carácter social o individual (*MCER*), bien por el funcionamiento del juego, o bien por los elementos propios del juego que incorpora. Con mucha frecuencia, todos estos juegos persiguen el objetivo de revisar aspectos de la enseñanza previamente trabajados en el aula, pero nos surge la duda de si, a través de esas propuestas lúdicas, se desarrolla realmente la competencia comunicativa. Estos juegos suelen adaptarse para cubrir los objetivos de enseñanza, pero también se dan otras propuestas lúdicas que se utilizan en el aula sin apenas adaptaciones (tipo Tabú, Story Cubes o Timeline), lo que permite integrar los objetivos de enseñanza de la sesión en el desarrollo del juego. De ese modo, el juego deja de ser una simple actividad de revisión para convertirse en el hilo conductor del plan de clase.

Una vez llegados a este punto, entendemos que es necesario aunar el enfoque didáctico adoptado, partiendo de las tareas, con los elementos lúdicos, de manera que el juego pueda formar parte de nuestros planes de clase de una forma natural. Así, si seguimos los seis criterios que Willis (2008) propone para definir qué es una tarea en el aula de segundas lenguas, con el fin de establecer una frontera entre actividades significativas y simples ejercicios de práctica de la forma, podemos decidir qué juegos utilizar en el aula y con qué objetivos. Estas son las preguntas que la investigadora propone para diferenciar lo que es una tarea significativa de cualquier otro tipo de actividad de aprendizaje:

- ¿Es interesante para el alumno?
- ¿Se centra en el significado?
- ¿Cuenta con una meta o un producto final?
- ¿Su éxito se mide por el resultado?
- ¿Es importante que se complete?
- ¿Está relacionada con actividades del mundo real?

Seguro que un juego que responda a esas cuestiones podrá integrarse fácilmente con las metas del currículo, a diferencia de aquellas actividades lúdicas dirigidas solo a revisiones formales de algunos de los objetivos de enseñanza.

Se hace evidente, por lo tanto, la necesidad de integrar el juego en la planificación de forma que sea coherente con los objetivos y contenidos del programa, y que llegue a ser el eje vertebrador de los componentes de la sesión, acercándonos a sesiones planificadas teniendo en cuenta el concepto de gamificación del aprendizaje. Del mismo modo, es fundamental que en la selección o diseño del juego se tenga en cuenta la edad de los alumnos, el nivel de aprendizaje, la dificultad del reto que representa, la claridad de las reglas y el resultado al que se puede llegar.

Si se sigue una planificación basada en los principios de la gamificación, la integración del juego en el plan de clase obliga a revisar los componentes del juego (metas, reglas e instrucciones, interacción, conflicto o competencia/desafío, retroalimentación sobre resultados) y ver su relación con nuestros objetivos de aprendizaje.

La incorporación del juego en la clase tiene repercusiones en la gestión de esta, tal como sucede con cualquier otro tipo de actividad: se ha de prever el tiempo necesario para su realización, cómo se formarán los grupos, qué roles se asignarán a los miembros y equipos, qué recursos materiales se necesitan y qué concepción del espacio físico del aula se adoptará. Esto implica, por lo tanto, disponer de espacios suficientemente amplios que permitan tanto los movimientos de los alumnos (mesas y sillas que se puedan recolocar fácilmente) como la manipulación de diferentes elementos (espacios para disponer tableros, fichas, dados, cartas, entre otros).

Para terminar este apartado, es necesario recordar algunos puntos importantes para incluir juegos en nuestras planificaciones:

- Las tareas/juegos deben ser simples, de manera que los alumnos puedan comprender desde el principio qué se espera de ellos. Se recomienda, por lo tanto, empezar con juegos fácilmente reconocibles.
- Las tareas/juegos tienen que ser adecuadas a las habilidades de los participantes, pero al mismo tiempo deben ser estimulantes, para que estos puedan sentirse satisfechos una vez alcanzados los objetivos.
- Las tareas/juegos deben ser predominantemente orales, especialmente aquellas organizadas con los más jóvenes.
- Las tareas/juegos tienen unas necesidades de espacio específicas, por lo que hay que prever cambios en los elementos físicos del aula, necesarios para llevar a cabo de forma adecuada la dinámica planificada.

DIEZ PAUTAS PARA SACARLE PARTIDO AL JUEGO EN LAS AULAS DE NIÑOS Y JÓVENES
A modo de conclusión de este artículo, nos gustaría plantear un decálogo de criterios que facilite la labor a aquellos profesores de español que se plantean diseñar e implementar tareas/juegos en su clase:
1
Observa. Evalúa el perfil de los participantes, porque cada uno de ellos tendrá una forma diferente de interactuar en el juego. Esta información es fundamental para diseñar tareas lúdicas eficaces.
2
Apunta. Define adecuadamente los objetivos didácticos de la tarea lúdica y mantenlos siempre en el punto de mira de tu plan de trabajo. Informa a los participantes de que estas serán sus metas.
3
Analiza. Constantemente y a todos los niveles. Si haces un seguimiento correcto de la actividad gamificada, podrás sacarle mucho más partido.
4
Equilibra. Ten en cuenta que cada componente del juego dispara la acción en un sentido diferente. Es necesario encontrar un equilibrio entre el enfrentamiento y la cooperación, entre el reto y la construcción de sentido.
5
Recicla. Aunque hay muchos tipos diferentes de componentes del juego, la serie no es infinita. Reutiliza estos componentes y recupéralos para nuevas actividades.

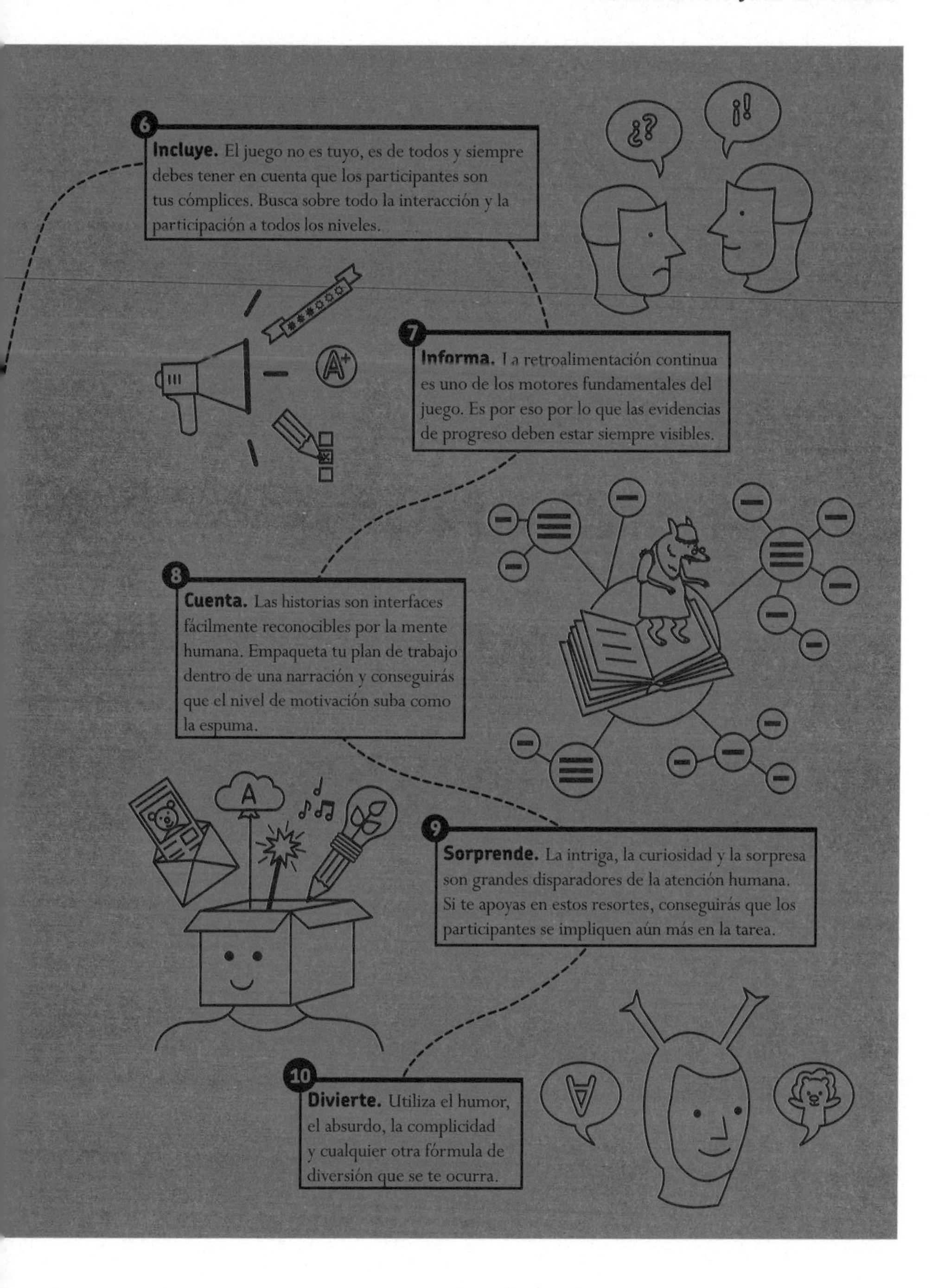
6
Incluye. El juego no es tuyo, es de todos y siempre debes tener en cuenta que los participantes son tus cómplices. Busca sobre todo la interacción y la participación a todos los niveles.
¿?
¡!
7
Informa. La retroalimentación continua es uno de los motores fundamentales del juego. Es por eso por lo que las evidencias de progreso deben estar siempre visibles.
8
Cuenta. Las historias son interfaces fácilmente reconocibles por la mente humana. Empaqueta tu plan de trabajo dentro de una narración y conseguirás que el nivel de motivación suba como la espuma.
A
9
Sorprende. La intriga, la curiosidad y la sorpresa son grandes disparadores de la atención humana. Si te apoyas en estos resortes, conseguirás que los participantes se impliquen aún más en la tarea.
10
Divierte. Utiliza el humor, el absurdo, la complicidad y cualquier otra fórmula de diversión que se te ocurra.

BIBLIOGRAFÍA

Cassany, D. (2003). "Aprendizaje colaborativo para ELE". Múnich: Instituto Cervantes. Disponible en: http://cvc.cervantes.es/ensenanza/biblioteca_ele/publicaciones_centros/PDF/munich_2003-2004/02_cassany.pdf.

Deterding, S., Dixon, D., Khaled, R. y Nacke, L. (2011). "From Game Design Elements to Gamefulness: Defining Gamification". En *MindTrek '11 Proceedings of the 15th International Academic MindTrek Conference: Envisioning Future Media Environments*. Nueva York: ACM.

Gómez, S. (2014). *¿Pueden los videojuegos cambiar el mundo? Una introducción a los* serious games. Logroño: UNIR Editorial.

Herrera, F. (2016). "Sobre el enfoque lúdico en los procesos de enseñanza y aprendizaje de segundas lenguas". En *Revista Nebrija de Lingüística Aplicada a la Enseñanza de las Lenguas,* núm. 5. Disponible en:, http://www.nebrija.com/revista-linguistica/files/articulosPDF/articulo_56ec4816873af.pdf.

Lorente, P. y Pizarro, M. (2012). "El juego en la enseñanza de español como lengua extranjera. Nuevas perspectivas". En *Tonos Digital. Revista Electrónica de Estudios Filológicos*, núm. 23. Disponible en: http://www.tonosdigital.es/ojs/index.php/tonos/article/viewFile/821/554.

Michael, D. y Chen, S. (2006). *Serious Games: Games That Educate, Train, and Inform*. Boston: Thomson.

Nicholson, S. (2012). "A User Centered Theoretical Framework for Meaningful Gamification". En *Games+Learning+Society 8.0*. Madison . Disponible en: http://scottnicholson.com/pubs/meaningfulframework.pdf.

Piaget, J. (2001). *Psicología y pedagogía*. Barcelona:Editorial Crítica.

Pisonero, I. (2004). "La enseñanza del español a niños y niñas". En Sánchez, J. y Santos, I. (dirs.), *Vademécum para la formación de profesores. Enseñar español como segunda lengua (L2)/lengua extranjera (LE)*. Madrid: Sgel.

Rodríguez, B. y Varela, R. (2004). "Models of Teaching Foreign Languages to Young Children". En *Didáctica (Lengua y Literatura),* vol. 16, págs. 163-175. Disponible en: http://revistas.ucm.es/index.php/DIDA/article/view/DIDA0404110163A/19357.

Willis, J. (2008). "Criteria for Identifying Tasks for TBL". En *Teaching English.* . Londres: British Council. Disponible en: https://www.teachingenglish.org.uk/article/criteria-identifying-tasks-tbl.

10

NIÑOS Y ADOLESCENTES MOVILIZADOS Y ENREDADOS EN EL APRENDIZAJE DEL ESPAÑOL

Joan-Tomàs Pujolà
Universitat de Barcelona

En nuestras vidas constantemente están apareciendo diferentes dispositivos, plataformas y aplicaciones que pueden ser usados en el ámbito educativo. Además de redes sociales como Facebook o Twitter, existen aplicaciones de mensajería instantánea como WhatsApp o sitios web como YouTube que no han sido creados inicialmente con un fin educativo, pero que se usan normalmente en el aula de idiomas a través de pantallas digitales interactivas, tabletas o teléfonos inteligentes.

La relación de las tecnologías de la información y la comunicación (TIC) con la enseñanza de lenguas en estos momentos está marcada por dos avances tecnológicos: las redes sociales y los dispositivos móviles (tabletas y teléfonos inteligentes principalmente), que permiten a los docentes implementar tareas para el desarrollo de la competencia comunicativa y la competencia digital de los estudiantes.

El uso normalizado de las TIC en la enseñanza de idiomas, tanto en infantil y primaria como en secundaria, está siendo cada día más común (Chambers y Bax, 2006). Sin embargo, aún hay contextos en los que algunas familias y algunos profesores tienen miedo al uso desconocido de estas tecnologías en el aula y fuera de ellas, lo que empuja a prohibiciones y limitaciones de su uso un tanto absurdas desde una perspectiva educativa (Cánovas, 2015; Jubany, 2016).

Es impensable en la actualidad planificar cualquier proceso didáctico en el aprendizaje de lenguas sin tener en cuenta de manera central o tangencial el uso de las TIC, tanto para aprender sistemas lingüísticos (gramática, vocabulario o pronunciación) como para practicar destrezas comunicativas (escuchar, leer, hablar, escribir e interactuar), o como para llevar a cabo el proceso para la consecución de una tarea final.

En este artículo, por tanto, no vamos a centrarnos en polemizar sobre estos temas, sino a enfocarnos en el potencial que las TIC poseen para desarrollar la competencia comunicativa digital, a medio camino de las competencias básicas antes mencionadas, de niños y adolescentes que aprenden español como lengua extranjera o segunda lengua.

Como el uso de las TIC de niños y adolescentes tiene características diversas, a continuación abordaremos los temas y aspectos referentes al aprendizaje móvil y a las redes sociales de manera separada, según estos dos grupos de edad, aunque, en algún caso, los recursos que se aportan sirven para ambos tipos de destinatarios.

NIÑOS CONECTADOS A LOS DISPOSITIVOS MÓVILES

La tecnología móvil permite ofrecer nuevas formas de enseñanza y de aprendizaje con el propósito de desarrollar diversas habilidades digitales que preparan a los niños para la sociedad digital actual. Cabe destacar el esfuerzo de las instituciones (Jisc, 2015; Unesco, 2013) para formar a los profesores que deben introducir los dispositivos móviles en el aula, ya que implica un cambio metodológico sustancial.

Si nos fijamos en el uso de los dispositivos y en el aprendizaje de la lengua, observamos que para niños en edades tempranas (entre tres y seis años) las tabletas son más adaptables y prácticas por el tamaño de la pantalla que los teléfonos móviles, en especial, para el aprendizaje de la lectoescritura. De hecho, son los dispositivos más usados en la enseñanza infantil y primaria junto con la pizarra digital interactiva (PDI). Esta última, además, permite realizar un trabajo cooperativo en el aula y facilita la presentación de actividades con las TIC por parte de los profesores y la presentación de la producción oral y escrita de los estudiantes. La interactividad es, sin lugar a dudas, una de las ventajas potenciales del uso de la PDI, y ello viene motivado porque los estudiantes disfrutan participando e interactuando físicamente con la pantalla.

Existen diversas aplicaciones para el desarrollo de la lectoescritura en estos momentos y, seguramente, cuando el lector repase estas líneas, ya habrán aparecido otras mejores y más efectivas. Por ello, no vamos a especificar ni destacar ninguna en particular, por el contrario, las abordaremos en términos generales, centrándonos sobre todo en su potencial educativo. Enfatizar, por ejemplo, los libros electrónicos y los cuentos interactivos para la práctica de la lectura digital, ya que desarrollan destrezas visuales relacionadas con la lectoescritura para comprender, entre otros, los componentes multimedia, la retórica visual o la interactividad. Está documentado por algunas investigaciones (Becta, 2006) que la lectura de cuentos interactivos va más allá de mejorar la comprensión lectora, ya que ayuda a los niños a expandir su vocabulario, a entender la estructura narrativa de los textos, a visualizar e interpretar textos complejos e incluso a mejorar áreas de concienciación fonológica, aspecto esencial en la enseñanza de la lengua extranjera.

Otro de los materiales TIC que se debe destacar son los juegos de ordenador, pues tienen un rol muy significativo en la vida de nuestros niños (y adolescentes, como veremos más adelante). Los niños necesitan jugar, ya que es parte de su mundo y los ayuda a desarrollar la comunicación, el entendimiento de esta sociedad digital y su imaginación (Mawer & Stanley, 2011). Jugar a videojuegos desarrolla destrezas que son esenciales para las actividades digitales diarias, porque promueven el procesamiento de la información visual, mejoran los tiempos de reacción y las habilidades espaciales, además de incrementar la retención y comprensión de la información. El juego en el aula de idiomas ha sido parte básica de los procesos de enseñanza. Ahora simplemente se ve ampliado a lo digital con las características añadidas de este tipo de juegos en lo que respecta a las estrategias y competencias que estos pueden desarrollar. Uno de los juegos más populares en este sentido es Minecraft, un juego de construcción digital en el que el jugador explora, interactúa y modifica un mundo dinámico e interactivo hecho de bloques. Los niños no solo ponen en práctica estrategias para la comunicación en línea, sino que también desarrollan la planificación, la creatividad, la resolución de problemas y el trabajo en equipo con una motivación enorme. En este sentido, se pueden consultar algunos proyectos en la versión educativa Minecraft Education Edition (http://education.minecraft.net) en un entorno adaptado para su uso en clase.

La movilidad y la interactividad, como hemos apuntado en este apartado, son los aspectos clave para el cambio de planteamiento educativo, ya que fuerzan al profesor a modificar la manera de entender los procesos de enseñanza y aprendizaje. Una propuesta educativa reciente que concibe de esta nueva manera la educación es mSchool (ttp://mschools.mobileworldcapital.com). Este programa de carácter abierto y participativo tiene como objetivo hacer de los dispositivos móviles los detonantes de ese cambio pedagógico. También se propone ayudar a alumnos y docentes a integrar las tecnologías digitales en el aula de manera eficaz y fomentar el uso responsable de las tecnologías móviles en la educación formal y en el aprendizaje informal.

NIÑOS ENREDANDO E INTERACTUANDO

Internet ha revolucionado el concepto de enseñanza de lenguas extranjeras en muchos aspectos, ya que abre ventanas a una gran cantidad de información y conecta a los estudiantes de maneras diversas, promoviendo así una interacción auténtica (Lewis, 2004 y 2014). La interacción no es solo la base con la que operan las redes sociales, sino que también es la esencia de cualquier tarea comunicativa para el aprendizaje de lenguas extranjeras. Los niños que tienen acceso a internet y a estas redes tendrán oportunidad de practicar la lengua extranjera y compartir experiencias que los educarán para entender de primera mano otras realidades, otras culturas y otras maneras de comunicarse, al mismo tiempo que aprenderán a utilizarlas de forma segura y responsable. Es cierto que pueden correr riesgos si no siguen los consejos de una navegación segura y no han recibido una correcta información acerca de los peligros que los pueden acechar (Weich, 2011; Cánovas, 2015). Estos riesgos, sin embargo, no deben ser un freno para su utilización en clase.

Una manera de introducir a los niños en la comunicación digital en lengua extranjera en clase es usar sistemas de videoconferencia como Skype o Google Hangouts, con tareas significativas que promuevan esa interacción auténtica que motiva a los alumnos a perder el miedo a hablar en una lengua extranjera. Un ejemplo de ello es el programa denominado "Skype en el aula" (https://education.microsoft.com/skypeintheclassroom), en el cual se propone un sencillo juego de misterio, Mystery Skype, que los niños deben solucionar en colaboración y por videoconferencia mientras aprenden geografía, cultura y semejanzas y diferencias de cómo viven los niños en diversas partes del mundo.

Otra de las propuestas para encontrar grupos de clase interesados en actividades de aprendizaje colaborativas es eTwinning (https://www.etwinning.net/es/pub/index.htm). Esta plataforma segura y gratuita da apoyo a los centros escolares en Europa, les presta las herramientas y los servicios necesarios para facilitar el contacto y el desarrollo de proyectos en común. En esta plataforma se pueden encontrar clases tanto de primaria como de secundaria.

Muchos de estos proyectos de telecolaboración entre grupos de clase se fundamentan en el aprendizaje de lenguas en tándem en el que se propone un intercambio mutuo entre dos o varios idiomas siendo los participantes nativos de la lengua de uno de ellos. También se pueden proponer tareas colaborativas en las que la lengua vehicular sea una de las que aprenden los grupos que colaboran, pero ninguno de los miembros del grupo es nativo de esta lengua.

JÓVENES QUE RESIDEN EN LA RED

Tenemos que destacar dos aspectos preliminares antes de adentrarnos en cómo trabajar con adolescentes usando las TIC para la práctica del español. En primer lugar, los jóvenes son residentes digitales en la red (White y Le Cornu, 2011), pero muchos desconocen los riesgos a los que se enfrentan cuando ingresan en las redes sociales. Y en segundo lugar, los jóvenes hacen muchas veces un uso superficial de las TIC desde una perspectiva del aprendizaje formal. Por tanto, usar las TIC en la clase de ELE va a comportar indiscutiblemente la enseñanza de conocimientos digitales más allá del mero aprendizaje de la lengua.

Al igual que con los niños y quizás con más intensidad, las tareas planteadas a los jóvenes en redes sociales tienen un valor incuestionable en el plano de la motivación para la práctica de la lengua extranjera, puesto que están metidos de lleno en ellas, ya sea en redes de intereses más generales como Facebook o específicos como Instagram, por mencionar algunas. Lo esencial en el uso de las redes sociales es tener cuidado en su elección, porque la propensión de los jóvenes al cambio hace que la popularidad del uso de estas sea pasajera. Es aquí donde el profesor debe investigar qué redes son las más usadas en el momento para proponer actividades comunicativas que sean significativas para ellos.

Por lo que respecta a proyectos colaborativos para la práctica de la lengua en entornos digitales, podemos encontrar ejemplos de tareas y consejos en el proyecto TILA (http://www.tilaproject.eu/), que tiene como tema central la telecolaboración intercultural para la enseñanza de idiomas en secundaria. Su objetivo principal es ayudar a los profesores a organizar proyectos de telecolaboración que sean efectivos y estimulantes, basados en promover el entendimiento intercultural entre estudiantes de diversas culturas. En TILA se pueden usar herramientas abiertas asíncronas, como foros y wikis, y síncronas, como sistemas de videoconferencia y mundos virtuales en los que los estudiantes pueden interactuar representados por avatares, reproduciendo escenarios simulados para el aprendizaje experiencial de la lengua. Los mundos virtuales tienen la apariencia de videojuegos, lo que incrementa la motivación de los estudiantes para llevar a cabo tareas comunicativas que promueven la interacción en un contexto de inmersión virtual. Estos entornos virtuales son especialmente idóneos para adolescentes que les cuesta o tienen vergüenza a hablar en una lengua extranjera, ya que pueden esconder sus limitaciones detrás de su avatar y sentirse menos cohibidos cuando cometen errores.

Al mismo tiempo, las TIC presentan un aspecto lúdico que se extiende más allá del centro escolar. Los jóvenes dedican una parte de su tiempo de ocio a jugar con videojuegos, incluidos los de rol multijugador masivos en línea (en inglés MMORPG). Por lo tanto, debemos aprovechar los videojuegos como recurso didáctico en el aula más allá de los entornos académicos interactivos, libros digitales o sitios web, los cuales no dejan de ser cerrados y rígidos en sus actividades y no incitan a la experimentación en la misma medida en que lo hacen los videojuegos (Rubio, 2012). La clave, aquí también, es escoger videojuegos que promuevan la interacción y que los motiven. Un tipo de videojuego que se puede introducir en la clase de español es el juego de aventura, donde la mecánica fundamental se basa en resolver algún enigma o desafío y la clave del aprendizaje está en la revelación que surge al resolverlo (Fernández Vara, 2012). Este tipo de juegos incita a la interacción presencial o en línea y engancha a los adolescentes a interactuar para resolver el reto que se les propone.

En otro sentido, no podemos obviar que debemos también promover el uso de diversas aplicaciones digitales que ayuden a nuestros estudiantes a realizar tareas a nivel oral o escrito con el apoyo de recursos de carácter más lingüístico como son los diccionarios y correctores en línea, corpus de vocabulario y traductores automáticos, entre otros, además de todas las aplicaciones de ofimática en línea, como Google for Education. Es indispensable que nuestros adolescentes usen estas y otras herramientas para el aprendizaje de la lengua extranjera, ya que las necesitarán para su futura vida profesional, y que las usen en múltiples pantallas, tanto las de los ordenadores de mesa, los portátiles, las tabletas, como las de los teléfonos inteligentes.

JÓVENES MOVILIZADOS CON VARIOS DISPOSITIVOS

Los jóvenes conviven normalmente en diferentes plataformas, trabajan de manera multitarea y usan diversos dispositivos. Sin embargo, el dispositivo que está cambiando los planteamientos didácticos en el mundo educativo son los teléfonos inteligentes, puesto que permiten flexibilidad para realizar tareas dentro y fuera del aula.

El uso del teléfono inteligente en el aula aún da quebraderos de cabeza a profesores y directivos de muchos centros educativos de secundaria, aunque se están dando cuenta rápidamente de que, con un uso responsable y adecuado al contexto escolar, podemos sacarle partido educativo en muchos aspectos, desde trabajar diversas competencias transversales hasta, por ejemplo, el autocontrol de la propia conectividad. Como dice el refrán: si no puedes con tu enemigo, únete a él.

El teléfono inteligente en muchos centros ha sido la manera de vencer los problemas de conectividad y de actualización de dispositivos. Con la tendencia del BYOD (en inglés *bring your own device*, 'trae tu propio dispositivo'), los adolescentes llevan sus teléfonos inteligentes a clase y con ellos pueden realizar múltiples tareas: recibir mensajes, usar el traductor, buscar información, consultar su cuenta de

Twitter, crear documentos, consultar un diccionario, guardar archivos en Drive, grabar vídeos, grabar audio, tomar fotos, bajar aplicaciones, completar un test en Kahoot, hacer algún Hangout, mandar mensajes de WhatsApp a un grupo de amigos y un sinfín de actividades auténticas en las que necesitan estrategias comunicativas digitales apropiadas para cada entorno y objetivo comunicativo. Es ahí donde el profesor de español debe incidir y explotar el potencial que estos dispositivos tienen para mejorar la comunicación que se origina en los diversos entornos digitales.

La motivación de los jóvenes al usar las TIC en el aula de lengua extranjera ya no viene por la novedad del dispositivo, sino por la propuesta de tarea, que debe tener un carácter lúdico o novedoso para que motive a los adolescentes en el aprendizaje de ELE. En este sentido, Palalas (2015) propone ocho tipologías de actividades de uso de los dispositivos móviles, teniendo en cuenta la combinación de cuatro criterios (trabajo en grupo o individual y límites de tiempo o lugar) que permiten diversas maneras de flexibilizar la implementación del aprendizaje móvil en el aula de lengua extranjera. El uso, por ejemplo, de códigos QR para crear una actividad de vacío de información o una yincana, en la que se use el móvil para resolver un enigma de manera colaborativa y a distancia, puede fomentar el uso de estos dispositivos de manera interactiva, auténtica, lúdica y más flexible.

Para terminar, me gustaría mencionar el potencial aún por explorar del uso de tecnologías emergentes en el ámbito educativo de los idiomas para niños y jóvenes como son las aplicaciones de realidad aumentada (RA) o realidad virtual (RV), que van a provocar, sin duda, un gran salto cualitativo en la aplicación de los dispositivos móviles en el aula.

Como hemos visto hasta aquí, las constantes innovaciones tecnológicas cambian la manera de interactuar entre nosotros e irremediablemente nos hacen repensar la metodología de nuestras clases, al igual que jóvenes y niños, movilizados y enredados con las TIC, nos aportan motivos para cambiar nuestra aproximación a los procesos de enseñanza-aprendizaje de lenguas extranjeras.

A continuación, proponemos unos consejos básicos para llevar a cabo propuestas didácticas con dispositivos móviles y redes sociales tanto para niños como para jóvenes.

CONSEJOS BÁSICOS PARA EL DESARROLLO DE PROPUESTAS DIDÁCTICAS CON DISPOSITIVOS MÓVILES

- Preparar tareas flexibles que puedan realizarse dentro y fuera de clase. Intentar que las tareas con dispositivos móviles permitan la flexibilidad de planificar actividades dentro o fuera del aula y combinadas, aprovechando el carácter móvil de los dispositivos. Las tareas tienen que ir encaminadas a promover la interacción entre los alumnos y entre los alumnos y el profesor.

- Planificar tareas que puedan usarse en dispositivos con diversos sistemas operativos. Si se van a usar los teléfonos inteligentes de los alumnos, asegurarse de que las aplicaciones funcionan en diversos aparatos con los distintos sistemas operativos. Todos los alumnos deben poder usar en sus dispositivos las aplicaciones propuestas para la realización de las tareas.

- Incluir en la propuesta didáctica estrategias para un uso adecuado y responsable de los dispositivos. Además de desarrollar la competencia comunicativa digital, se deben atender de manera explícita las estrategias para un uso adecuado y responsable de estos dispositivos en el aula y también fuera de ella. De esta manera se intenta evitar el conflicto de usos inadecuados en el contexto escolar.

- Asegurarse previamente de que haya buena conexión inalámbrica y que todo funcione. Realizar pequeñas pruebas de funcionamiento de los dispositivos y asegurarse de que la conexión en el aula o en el centro donde se vaya a realizar la actividad sea lo suficientemente buena para que las aplicaciones funcionen perfectamente. Además, se deberá comprobar que los dispositivos tengan batería suficiente en el momento de empezar la actividad para evitar interrupciones.

CONSEJOS BÁSICOS PARA EL DESARROLLO DE PROPUESTAS DIDÁCTICAS EN REDES SOCIALES

- Con los niños, se debe intentar trabajar en redes sociales cerradas y seguras. El desarrollo competencial de la comunicación digital puede implementarse desde edades muy tempranas dentro de redes cerradas, donde los profesores, familias y los propios alumnos se sientan seguros de que podrán realizar diversas actividades digitales sin problemas.

- Con adolescentes, hay que escoger las redes más populares del momento. La elección de redes sociales para el aprendizaje de la lengua extranjera puede llevarse a cabo en redes que sean familiares para los alumnos o que los motiven a conocer otras. La elección deberá siempre negociarse con los alumnos adolescentes.

- Preparar actividades que promuevan una interacción auténtica en el entorno digital. Planificar tareas que desarrollen estrategias comunicativas que se necesiten para ser efectivos en las redes sociales. La facilidad de comunicación de los alumnos no es la misma en su lengua que en una lengua extranjera, aunque pueden transferir estrategias ya adquiridas por su experiencia en estos entornos. De todas maneras, deberemos prepararlos con tareas posibilitadoras que nos aseguren que la interacción se podrá realizar de una manera fluida y correcta.
- Preparar a conciencia con otros grupos los proyectos telecolaborativos. Con proyectos de telecolaboración con otros grupos internacionales se debe planificar la propuesta con tiempo y aclarar previamente todo el procedimiento didáctico y todas las cuestiones técnicas necesarias para el buen funcionamiento de la tarea. Primero, establecer los parámetros comunes que encajen en las dos partes, comparando sílabos y objetivos; luego, diseñar las tareas de manera conjunta, detallar las cuestiones técnicas y asegurarse de la funcionalidad de las herramientas y de los equipos que se vayan a usar, y, por último, preparar a los alumnos en contenido y cuestiones técnicas antes de empezar la tarea de telecolaboración. Durante la realización, se debe efectuar un seguimiento cercano del proceso para corregir de inmediato posibles problemas que surjan y, al final, alumnos y profesores pueden evaluar conjuntamente la tarea.
- Proponer tareas motivadoras que tengan algo lúdico o novedoso. Implementar tareas con algún componente lúdico o algo que sorprenda por su novedad. La sorpresa provoca que los alumnos se mantengan más atentos y motivados. Intentar no abusar de este recurso porque sabemos que funciona muy bien. Debemos evitar provocar cansancio o aburrimiento de una innovación didáctica. Esto no se consigue solo con tareas variadas, sino también introduciendo diversas aplicaciones, juegos o recursos digitales.

BIBLIOGRAFÍA

Becta (2006). "Benefits and Features of ICT in English. ICT in the Curriculum". Disponible en: http://mirandanet.ac.uk/wp-content/uploads/2016/04/wtrs_english.pdf.

Cánovas, G. (2015). *Cariño, he conectado a los niños*. Bilbao: Ediciones Mensajero.

Chambers, A. y Bax, S. (2006). "Making CALL Work: Towards Normalisation". En *System: An International Journal of Educational Technology and Applied Linguistics*, vol. 34, núm. 4, págs. 465-479.

Dudeney, G. y Hockly, N. (2013). *Digital Literacies (Research and Resources in Language Teaching)*. Harlow: Pearson Education Limited.

Fernández Vara, C. (2012). "Los juegos de aventuras gráficas y conversacionales como base para el aprendizaje". En Escribano, F. (coord.), *Revista de Estudios de Juventud*, núm. 98, págs. 118-134. Disponible en: http://www.injuve.es/sites/default/files/2012/46/publicaciones/Revista98_8.pdf.

JISC (2015). "Mobile Learning. A Practical Guide for Educational Organisations Planning to Implement a Mobile Learning Initiative". Disponible en: https://jisc.ac.uk/full-guide/mobile-learning.

Jubany, J. (2016). *La família en digital. Apropiar-nos de la tecnologia per compartir experiències, coneixement i emocions*. Vic: Eumo Editorial.

Lewis, G. (2004). *The Internet and Young Learners*. Oxford: Oxford University Press.

Lewis G. (2009). *Bringing Technology into the Classroom*. Oxford: Oxford University Press.

Mawer, K. y Stanley, G. (2011). *Digital Play*. Peaslake: Delta Publishing.

Palalas, A. (2015). *The Ecological Perspective on the Anytime Anyplace of Mobile-Assisted Language Learning*. Disponible en:http://bit.ly/1SdrZIQ.

Peterson, M. (2013). *Computer Games and Language Learning*. Londres: Palgrave Macmillan.

Rubio, M. (2012). "Retos y posibilidades de la introducción de videojuegos en el aula". En Escribano, F. (coord.), *Revista de Estudios de Juventud*, núm. 98, págs. 118-134. Disponible en: http://www.injuve.es/sites/default/files/2012/46/publicaciones/Revista98_9.pdf.

Unesco (2013). *Directrices para las políticas de aprendizaje móvil*. París: Unesco. Disponible en: http://unesdoc.unesco.org/images/0021/002196/219662S.pdf.

Weich, J (2011). "Internet segura". Buenos Aires: Inadi y Unicef. Disponible en: http://www.unicef.org/argentina/spanish/Unicef_InternetSegura_web.pdf.

White, D. S. y Le Cornu, A. (2011). "Visitors and Residents: A New Typology for Online Engagement". En *First Monday*, vol. 16, núm. 9. Disponible en: http://journals.uic.edu/ojs/index.php/fm/article/viewArticle/3171/3049.

11

PRÁCTICAS PLURILINGÜES Y APRENDIZAJE DE LENGUAS EN LA ADOLESCENCIA

Luci Nussbaum
Universitat Autònoma de Barcelona

INTRODUCCIÓN

En los últimos veinte años, la didáctica de las lenguas ha prestado atención a los estudios de orientación sociolingüística interesados en describir los usos lingüísticos interpersonales habituales en situaciones de multilingüismo social. Ello supone un estímulo para la didáctica, puesto que, si bien esta disciplina tiene sus propios intereses –realizar propuestas para optimizar el aprendizaje en las clases de lenguas y evaluar su eficacia–, los resultados de trabajos en sociolingüística permiten entender ciertos fenómenos que ocurren en las aulas. Este hecho es todavía más relevante cuando hoy el aprendiente de lenguas se nutre de las múltiples posibilidades de contacto con las lenguas que los medios de comunicación globalizados le ofrecen. En efecto, el alumnado, notablemente en etapas adolescentes, tiene numerosas ocasiones para practicar lenguas a través de la música, del uso generalizado de internet para tareas escolares, pero también en el tiempo de ocio y al participar en redes sociales informatizadas.

Además, los enfoques socioconstructivistas que examinan los procesos de aprendizaje sugieren que estos se activan a partir de la participación de las personas en actividades en las que realizan tareas concretas con otras personas. Dicha participación permite a quien está aprendiendo lenguas no solo poner en marcha las propias competencias, sino sobre todo adquirir experiencia para comunicar (gestionar la actividad, proponer temas y resolver obstáculos de intercomprensión mediante mecanismos de reparación diversos).

Por otro lado, muchos trabajos actuales se han interesado por las prácticas vernáculas –entendidas como usos lingüísticos cotidianos informales, no propios de la institución educativa– de adolescentes y jóvenes, vinculadas a la cultura popular y a menudo deslocalizadas, es decir, realizadas sin la presencia física de los interlocutores en el mismo lugar. Estas prácticas constituyen también experiencias de uso y de transmisión de recursos lingüísticos.

En este artículo, se exponen, en primer lugar, algunos aspectos relevantes de lo que se entiende hoy por competencia plurilingüe, así como el papel de los usos plurilingües en el aprendizaje de lenguas. En segundo lugar, se plantean ciertos aspectos del aprendizaje de lenguas en la adolescencia. El texto concluye con algunas reflexiones sobre la necesidad de *didactizar* el plurilingüismo y tender puentes entre prácticas vernáculas y actividades de aula.

LA EDUCACIÓN LINGÜÍSTICA DEL SIGLO XXI ES PLURILINGÜE

La construcción de competencias lingüísticas está vinculada a las experiencias de socialización de las personas, en la familia, con iguales, en el entorno, en la educación formal y a través de los medios de comunicación. Estas experiencias, que permiten apropiarse de las formas culturales del entorno, dejan huellas en los repertorios comunicativos, entendidos como el conjunto de recursos verbales de que disponen las personas para actuar socialmente, produciendo e interpretando significados. Los repertorios –que incluyen variedades lingüísticas, dialectos, géneros discursivos, etc., así como recursos multimodales que acompañan el habla (gestos, expresiones faciales, etc.)– son dinámicos, en el sentido de que se construyen y reconstruyen a lo largo de la vida. Así, algunos de sus componentes pueden estar siempre disponibles para ser empleados, otros pueden ser olvidados; algunos permiten activar habilidades plenas orales y escritas, otros constituyen solo capacidades pasivas para reconocer formas de determinados sistemas lingüísticos (Blommaert y Backus, 2011).

Sea como sea, la persona plurilingüe no es aquella que posee una suma de competencias almacenadas en compartimentos estancos para cada lengua, sino alguien que dispone de una competencia original y creativa que le permite no solo elegir los recursos adecuados para cada situación, sino también buscar recursos –a veces híbridos, procedentes de sistemas lingüísticos diferentes, a veces alternando lenguas– para comunicar de manera eficiente. Estos modos plurilingües –que reciben apelativos diversos (véase un inventario de ellos y de sus autorías en Nussbaum, 2013)– son propios de las sociedades contemporáneas, pero son también inherentes al aprendizaje y un motor para la adquisición de competencias.

En efecto, muchos trabajos indican que las prácticas plurilingües, en la institución educativa o fuera de ella, constituyen una fuente para acrecentar la experiencia y la capacidad de actuar empleando una sola lengua. En esta línea, Masats y otros (2007) observan que los aprendientes, en etapas de aprendizaje iniciales o intermedias, emplean formas híbridas o alternancias de lenguas para poder participar en actividades de aula y solicitan ayuda para superar obstáculos de comunicación. En cambio, los aprendientes que han tenido más experiencias de contacto con la lengua meta se expresan empleando solamente lo que perciben como perteneciente al sistema lingüístico de dicha lengua y resuelven los obstáculos comunicativos mediante reformulaciones o perífrasis, sin recurrir a otras lenguas. Así pues, una alta capacidad para comunicar en lengua meta comporta progresar desde usos plurilingües a la habilidad para emplear una sola lengua cuando las circunstancias lo demanden. El paso por modos plurilingües de comunicación parece ineludible en el proceso de aprendizaje. Veamos a continuación un ejemplo ilustrativo[1].

En el siguiente fragmento (véanse los símbolos de transcripción en el anexo), Joan (JO) y Stephan (ST) están realizando una actividad consistente en hallar diferencias entre los dibujos que cada uno posee.

Fragmento 1

1. JO: hay_. bellow eh: bananas\. un eh- un- (ríe) ah-. y dentro_
2. ST: hay_
3. JO: cuatro_ (ríe).. eh\ uh y dentro hay cuatro_
4. ST: +pastecas+/.
5. JO: +pastecas+\.
6. ST: sí/. frutas verdes/.
7. JO: frutas verdes\.
8. ST: sí\. muy grandes\..
9. JO: muy grandes\. sí\.
10. ST: sí\. mi también\. hay dentro la +balenza+\.
11. JO: +balenza+/.
12. ST: para pesar los frutos\.
13. JO: um/. no eh/.
14. ST: no\. no hay_ no hay nadie/. no hay nada\

Se observa que los interlocutores recurren a otra lengua (*below*), a formas híbridas ("pasteca", del francés *pastèque* sandía; *balenza*, en lugar de *balanza*), a construcciones no estándar ("mí también"), a autocorrecciones ("no hay nadie" → "no hay nada") y a la definición (línea 12: "balenza" → "para pesar frutos") como procedimientos útiles para mantener la fluidez en su actividad. Frente a obstáculos de comunicación producidos por falta de recursos, el aprendiente tiene tres opciones: a) abandonar las finalidades comunicativas u optar por no participar; b) substituir la carencia de recursos por el empleo de formas alternativas (otras lenguas, gestos), y c) "inventar" recursos de manera tentativa. En el ejemplo anterior, Joan y Stephan optan por emplear los procedimientos *b* y *c*, lo cual les permite ser comunicativamente eficaces.

---

1 Los datos que se presentan en este texto pertenecen al corpus del Grup de Recerca en Ensenyament i Interacció Plurilingües (GREIP).

Todavía hoy muchos docentes sienten terror ante estos procedimientos por miedo a que se incrusten para siempre en el repertorio del aprendiente y, por ello, exigen usos monolingües. Sin embargo, la estabilización de recursos es un proceso lento y sujeto a la variación, como se observará en el siguiente fragmento.

Se trata de una tarea en la cual Yvette tiene que leer un cuento, memorizar sus aspectos esenciales y, sin la ayuda del texto escrito, contárselo a una compañera de clase para que esta proponga un título. Véase qué consigue hacer Yvette.

Fragmento 2

YVETTE: (ríe) una caravana y el mercade:r_ y el +mercaderer+ que: iban a +atenes+ para vender productos\.. y: .. mientras e: avanzaban_ . e::.. e- se: se hacía la noche y::_ ... y °sí\. no sé°- cada uno·- ... enc- +encedio+ un farol o: una: una +faror+ o una antorcha\. y: cuando::_.. °s:°_ ... se_ se_ +encuentraban+ con_. con un hombre que uno de los +mercaderos+ se creyó que: era su: su vecino_(.) pero:_ .. su vecino era ciego y tenía una: farol en en la en la mano\. y el mercader-. +el mercadero+ dice a su: a su: amigo QUÉ HACE UN CIEGO\ . QUÉ HACE MI VECINO CON UNA FAROL si: si es ciego y no puede ver\. y: y un otro de sus amigos va con_ .. sí- con el el hombre ese y el ciego un anciano y le y le pregunta pero qué haces tú con una farol si: no puedes ver\ . y dice el anciano no llevo:_. e: no llevo: eh xxx un farol en la mano\. no llevo el farol para_. para ver\. sino que para que lo que: lo que vienen o lo caminantes que me vean ellos\ .. °ya está°

En su producción, Yvette realiza la tarea eficazmente, puesto que narra el cuento de manera comprensible para su audiencia. La lentitud en la expresión hace suponer que planifica su producción, pero se observan oscilaciones respecto de la morfología de ciertas palabras y enunciados ("mercader", "farol", formas verbales) y de normas de concordancia. Esta variación ilustra que la adquisición de recursos no se vincula directamente a la presencia de modelos correctos, sino a otros procesos más complejos, relacionados, en gran parte, con el uso significativo y recurrente de los recursos y con la atención a las formas, originada, entre otros factores, en la interacción.

Una de las tareas pendientes de la didáctica de las lenguas es establecer puentes entre las prácticas comunicativas de los estudiantes fuera del aula y las que allí se proponen. La didáctica del siglo XXI debería, según nuestra opinión, interesarse por dichas prácticas informales de socialización para sacar partido de ellas incorporándolas, de manera reflexiva, a las actividades de aula.

LAS PRÁCTICAS VERNÁCULAS EN LA ADOLESCENCIA

A pesar de que las autoridades educativas promueven el aprendizaje de lenguas extranjeras desde la primera infancia –y los centros educativos privados hacen de ello un signo de distinción–, la investigación (véase Muñoz, 2008) demuestra que dicho aprendizaje precoz es solo eficaz en condiciones de calidad e intensidad de contacto con la lengua meta y que solo tiene impacto en la obtención de una pronunciación cercana a la nativa (de la variedad que se enseñe, claro está). En cambio, en la edad adolescente, chicos y chicas pueden aprovecharse de sus competencias previas en otras lenguas y de su superior desarrollo cognitivo para avanzar de manera más rápida en el aprendizaje de una nueva lengua.

Por otro lado, estudios recientes sobre el lenguaje de adolescentes en la educación secundaria (Jørgensen, 2005, y Corona et al., 2009, entre otros) muestran la gran creatividad de los usos lingüísticos de los jóvenes, capaces de construir variedades propias de grupo transmitidas entre iguales. Dichos usos contienen palabras y enunciados de gran diversidad de lenguas, captados sea en el propio contexto educativo, en los juegos y lecturas, en interacciones con compañeros de otros países, pero también aprendidos a través de las redes sociales vía internet. Estas prácticas sirven a los jóvenes para cohesionar el grupo y para marcar distancia respecto de las prácticas que valoran la institución y las personas adultas. Veamos un fragmento de interacción en clase de español. La profesora (PRO) pregunta a Hamet (HAM), joven procedente de Pakistán, cuándo llegó a Barcelona. El chico responde en una variedad latina que no es la que se enseña en el instituto y que la docente atribuye, ironizando, a su amistad con otro compañero.

Fragmento 3

1. PRO: y: cuándo has llegado/.
2. HAM: +^{h}ase do^{h} año^{h}\+ .
3. PRO: hace:/..
4. HAM: +do^{h} do^{h} año^{h}\+ ..
5. PRO: +do^{h} año^{h} uno^{h} do^{h} año^{h}\+ (.) (señalando a Juan) +habla:^{h} habla:^{h} musho con ^{H}uan\+ (.)

Datos de este tipo sugieren la necesidad de recuperar, en las aulas, las prácticas de los jóvenes para construir nuevos saberes lingüísticos y nuevas competencias, así como examinar de manera crítica ciertos estereotipos lingüísticos. Algunas propuestas didácticas actuales intentan precisamente recuperar el capital lingüístico de los adolescentes, haciendo aflorar sus biografías lingüísticas y, a partir de ellas, fundar las competencias propias de la institución educativa (Garrido y Moore, 2016; Moore y Nussbaum, en prep. 2016).

COMENTARIOS FINALES

El habla plurilingüe (véase el fragmento 1) es inherente al aprendizaje, permite participar en actividades de manera fluida y adquirir una alta competencia comunicativa que posibilita, con el tiempo, el uso de recursos pertenecientes a una sola lengua, como se ilustra en el fragmento 2. Por ello, dichos usos plurilingües no deben proscribirse, sino admitirse y reflexionar sobre ellos con el alumnado. Las posibilidades de registro que ofrecen las tecnologías permiten recoger estas prácticas dentro y fuera del aula para examinarlas y evaluarlas de manera formativa.

La didáctica de las lenguas puede sacar provecho de los estudios en socialización lingüística para asentar su acción en las prácticas sociales de los aprendientes en ámbitos escolares y fuera de ellos. Los adolescentes llegan a la educación con bagajes sociolingüísticos diversos y aprenden nuevos recursos lingüísticos no solo en las clases de lenguas y en aulas en que se imparten contenidos curriculares en lenguas segundas o extranjeras, sino también con sus pares y a través de los diversos medios de comunicación a su alcance.

Didactizar el plurilingüismo, como sugiere Duverger (2007), supone no solo no temer los usos mixtos y provisionales de los jóvenes, por ser inherentes al aprendizaje, sino también incorporar a la enseñanza los formatos de contacto con las lenguas que se producen en la vida cotidiana.

ANEXO: SÍMBOLOS EMPLEADOS EN LA TRANSCRIPCIÓN

Entonación ascendente, descendente, mantenida	/ \ _
Pausas menos o más largas	. .. ...
Alargamiento silábico según duración	: ::
Tono muy bajo	°texto°
Tono alto	TEXTO
Interrupción	texto-
Comentarios	(comentarios)
Transcripción aproximada de formas no estándar	+texto+
Fragmentos incomprensibles	xxx

BIBLIOGRAFÍA

Blommaert, J. y Backus, A. (2011). "Repertoires Revisited: 'Knowing Language' in Superdiversity". En *Working Papers in Urban Language & Literacies*, núm. 67, págs. 1-26.

Corona, V., Nussbaum, L. y Unamuno, V. (2013). "The Emergence of New Linguistic Repertoires among Barcelona's Youth of Latin American Origin". En *International Journal of Bilingual Education and Bilingualism*, vol. 16, núm. 2, págs. 182-194.

Duverger, J. (2007). "Didactiser l'alternance des langues en cours de DNL". En *Tréma*, núm. 28. Disponible en: https://trema.revues.org/302.

Garrido, M. R. y Moore, E. (2016). "'We Can Speak We Do It Our Way': Linguistic Ideologies in Catalan Adolescents' Language Biography Raps". En *Linguistics and Education*, núm. 35.

Jørgensen, J. N. (2005). "Plurilingual conversations among bilingual adolescents". En *Journal of Pragmatics*, núm. 37, págs. 391-402.

Masats, D., Nussbaum, L. y Unamuno, V. (2007). "When Activity Shapes the Repertoire of Second Language Learners". En EUROSLA Yearbook, vol. 7, págs. 121-147.

Moore, E. y Nussbaum, L. (en prep. 2016). "El plurilingüismo en la formación del alumnado de la ESO". En Masats, D. y Nussbaum, L., *Aprender y enseñar lenguas en la ESO.* Madrid: Síntesis.

Muñoz, C. (2008). "Symmetries and Asymmetries of Age Effects in Naturalistic and Instructed L2 Learning". En *Applied Linguistics*, núm. 29, págs. 578-596.

Nussbaum, L. (2013). "De las lenguas en contacto al habla plurilingüe". En Virginia Unamuno y Ángel Maldonado (eds.), *Prácticas y repertorios plurilingües en Argentina,* págs. 273-283. Bellaterra: GREIP-UAB. Disponible en: http://grupsderecerca.uab.cat/greip/sites/grupsderecerca.uab.cat.greip/files/llibreVir2013_0.pdf.

12

VAMOS A CONTAR HISTORIAS: *STORYTELLING* EN LA CLASE DE ELE

Antonio Orta
CLIC International House Sevilla

¿QUÉ ES EL *STORYTELLING*?

> Siempre recordaré aquella insistente llamada de teléfono en medio de un caos infinito de papeles y tareas urgentes a medio concluir: Antonio, tienes que hacer un artículo para el próximo libro de enseñanza del español de... La voz, al otro lado, continuaba repicando, mientras la vista se me nublaba y yo parecía transportarme a un lugar lejano, oscuro y a la vez familiar. Tras unos segundos de silencio reclamando una respuesta, el caos se hizo orden y conseguí adivinar una luz al final del túnel: puedo hacer un artículo sobre *storytelling*. Fue entonces cuando comencé este viaje rumbo a lo desconocido que ahora os quiero contar.

Como nos comenta Herrera a propósito de la traducción al español del término *storytelling* (2015), "es verdad que en español tenemos los verbos *contar* y *narrar*, entre otros más específicos, pero ninguno de ellos responde al sentido genérico del término inglés".

A todos nos encantan las buenas historias (Tobias, 2008). Las buenas historias se cuentan, se escuchan con atención y se transmiten recreándolas, personalizándolas. Cuando los niños escuchan las palabras mágicas "había una vez", algo en su interior se predispone a escuchar de determinada forma, sabiendo que una serie de cosas maravillosas están a punto de suceder.

La narración de historias ha sido, desde la aparición del lenguaje, uno de los mecanismos más poderosos de transmisión del conocimiento humano. Aunque hoy en día las nuevas tecnologías de la información y la comunicación utilizan multitud de recursos que apoyan, refuerzan y, en ocasiones, sustituyen el canal puramente lingüístico, sigue imperando la fuerza narrativa.

Estamos, pues, inmersos en la era de la narrativa. En la actualidad, el *marketing* promueve la reconstrucción narrativa de las marcas y los productos (Salmon, 2008) para atraer, crear interés, promover el deseo y, finalmente, conseguir que el cliente potencial adquiera el producto. Por otro lado, ya hace algún tiempo que nos advertían algunos futurólogos (Jensen, 1990) que viviríamos muy pronto más pendientes de las historias que desearíamos vivir que del momento presente en que nos encontremos: *the dream society*.

Así pues, parece que ha llegado la hora de impartir, mejor narrar, nuestras clases de español.

¿POR QUÉ USAR *STORYTELLING* EN LA CLASE?

> Permanecía sentado en mi escritorio, junto a la ventana, revisando el plan de clase del día siguiente, mientras una voz desde el final del pasillo me reclamaba: "Papá, me tienes que ayudar con los ejercicios de mates. ¡Ahora voy!" Un ahora que se iba eternizando, al tiempo que la adormecida claridad del atardecer daba paso a la mortecina luz de la lamparita que todos los días me acompañaba, sacrificando mis pestañas frente a la pantalla del ordenador. Justo en esos momentos de duermevela y cansancio, me asaltó desarmado una idea: ¿por qué no le enseño a mi grupo de B1 la diferencia entre imperfecto e indefinido contándoles una historia?

En un interesante estudio acerca del *storytelling* como recurso didáctico en la clase de inglés, Cortijo (2014) nos hace una revisión sobre el estado de la cuestión para propugnar, finalmente, que la técnica de la narrativa en el aula de idiomas está infrautilizada.

La necesidad de crear una atmósfera favorable, anteponiendo la comprensión a la producción y permitiendo a los alumnos intervenir cuando sientan la necesidad y la seguridad suficientes, se suele conseguir solo si implicamos a los alumnos en la propia narración.

Los beneficios abarcan todos los ámbitos del aprendizaje: mejora de las destrezas receptivas y, consecuentemente, también de las productivas; aprovechamiento de las habilidades sociales y la cohesión grupal; adiestramiento en el pensamiento reflexivo acerca del funcionamiento de la lengua y de la cultura que lleva implícita; desarrollo de los hábitos de trabajo y los valores del esfuerzo; importancia de la perspectiva creativa e innovadora del aprendizaje. En definitiva, la potenciación de las competencias básicas del individuo mediante una técnica natural y un discurso coherente (Cameron, 2001). Las historias permiten, pues, acceder al aprendizaje de una manera lúdica, reduciendo el estrés y mejorando la memoria a corto y largo plazo (Lambert, 2010).

FUNDAMENTOS TEÓRICOS

> No tenía tiempo que perder. Tenía que escribir unas líneas antes de zambullirme en el manual de matemáticas de mi hijo Miguel para acabar el trabajo que su profesor parecía no haber hecho con diligencia. O tal vez mi hijo había heredado mi enorme capacidad para reconocer el vuelo preciso de cualquier insecto que le rondara por el pupitre. Lo cierto es que escribí estas breves notas para fundamentar más adelante

> mi artículo: aprendizaje natural, ambiente facilitador y motivación. Seguro que no era bastante para escribir este apartado que viene a continuación, pero me permitía salir lo más airoso posible, nunca vencedor, de aquella batalla que una vez más me enfrentaba con la rutina diaria: actividades modelo y explicaciones de matemáticas incomprensibles a esa hora de la tarde que acababan en un desesperado "pregúntale a tu profe, que para eso le pagan".

Si tuviéramos que clasificar el uso del *storytelling* dentro de un tipo de enfoque o metodología, nos guiaríamos por la definición sobre aprendizaje natural del Instituto Cervantes en su *Diccionario de términos clave de ELE*:

> El aprendizaje se plantea mediante el uso de la lengua meta en situaciones comunicativas, sin recurrir a la primera lengua ni a un análisis gramatical. Este enfoque otorga especial importancia a la comprensión y a la comunicación del significado de los enunciados y promueve la creación de un ambiente de aprendizaje adecuado en el aula para que se produzca de manera satisfactoria la adquisición de una segunda lengua.

Siguiendo las características de Terrell acerca del enfoque naturalista (citado por Dhority, 1992), es preciso crear situaciones comunicativas motivadoras, con un contenido interesante y comprensible, dando prioridad a la comprensión y el desarrollo léxico contextualizado frente a la expresión y la precisión gramatical, con ausencia de corrección de errores y, por tanto, con bajo índice de ansiedad.

Precisamente, ese énfasis en la motivación promueve, tal y como demuestran los resultados de ciertas investigaciones, el éxito en el aprendizaje (Alcón, 2002). Sabemos por experiencia que en las clases de infantil y primaria se acude a las historias con cierta recurrencia. Sin embargo, quizás no estemos tan seguros acerca de los beneficios que reporta a los alumnos de otras edades en cuanto al aprendizaje de una lengua segunda o extranjera. Este sí que es un punto determinante.

¿CÓMO BENEFICIA EL *STORYTELLING* A LOS NIÑOS A LA HORA DE APRENDER UN IDIOMA?

> El tiempo se me echaba encima y Miguel seguía pegado cual rémora a mi lado con la insistente petición de que lo ayudara a resolver el problema de mates: "una furgoneta sale cargada con 20 cajas de naranjas, con 6 kilos de naranjas cada una. Por el camino pierde 7 cajas y media debido a un accidente..." Ya está, probaré a contárselo en forma de historia, a ver si lo entiende. "Había una vez un repartidor llamado Pedro, cuyo sueño era comprarse un huerto y cultivar sus propias naranjas..." Al terminar la historia, Miguel siguió preguntando inclemente: "¿Pero me vas a ayudar o no?". Al menos había conseguido que tanto él como yo rebajáramos la tensión que se mascaba.

Žigárdyová (2006) nos relata con todo lujo de detalles cómo el *storytelling* ayuda a los niños en el desarrollo de su propia lengua y de una nueva lengua meta. En su opinión, los niños aprenden muy rápido cuando pueden jugar con objetos concretos e imaginan acciones o situaciones en las que se sienten partícipes. Una de las características que más apoyan su aprendizaje es la capacidad de los niños de imaginar y hacer preguntas continuamente:

> *I spend lots of time preparing good conditions for a listening part – practicing vocabulary, talking about a topic, using suitable materials and body language.*

Los niños diferencian perfectamente y saben convivir sin ningún tipo de rechazo entre ficción y realidad. Sobre todo, de la realidad más inmediata, que tienen más a mano. Es por ello por lo que los profesores suelen mostrarles objetos y marionetas que les permitan situarse en el aquí y el ahora. Están perfectamente habituados a colaborar con los compañeros y demuestran con claridad qué les gusta y apetece y qué les aburre. Esto permite al profesor tomar decisiones en el transcurso de las propias narraciones.

Si analizamos las narraciones infantiles, están construidas a la manera clásica, con presentación, nudo y desenlace. Lo importante es crear el clima necesario para ser escuchado (Wright, 2002):

> *Half the success of a story depends on what you do before you begin! Students must be in a story frame of mind.*

Para ello, los profesores se sirven de todos los recursos a su disposición: música, misterio, objetos reales, pequeña escenografía, cercanía con los alumnos, voz interpretativa que da vida a los personajes...

Žigárdyová (2006) nos habla de ese "período de silencio" tan necesario para interiorizar el nuevo lenguaje y empezar a construir su propia interlengua a base de lenguaje formulaico y rutinario expresado en términos de pregunta-respuesta y un vocabulario contextualizado (Ellis y Brewster, 1991).

¿CÓMO BENEFICIA EL *STORYTELLING* A LOS JÓVENES A LA HORA DE APRENDER UN IDIOMA?

> Mientras el manto de la noche nos envolvía recordándonos que no somos héroes ni inmortales y mis tripas se quejaban estrepitosamente por las sobras que iba rebañando a diestro y siniestro del plato de mi hijo, "Miguel, termínate el filete. Es que está muy duro, papá", los dieciséis años de mi hija Lucía seguían empeñados en consumirse con fruición inusitada a golpe preciso de los dos pulgares sobre su móvil de última

> generación. "Lucía, apaga el móvil y ponte a comer. Voy. ¿Has hecho los deberes?" *Voy*, la palabra comodín que más suelen usar los jóvenes en su relación con los adultos y las tareas de la casa. "Si prestaras tanta atención a tus deberes como le prestas al móvil, otro gallo cantaría. Que sí, papá, voy".

Los jóvenes son, probablemente, los mayores productores y consumidores de historias a través de las redes sociales. Se trata de breves historias digitales relacionadas con el grupo al que se sienten ligados (Lambert, 2010). Para conseguir narrar digitalmente, es necesario integrar dos coordenadas fundamentales: tiempo e interacción multimedia:

> *A storyboard is a place to plan out a visual story in two dimensions. The first dimension is time: what happens first, next, and last. The second is interaction: how the audio – the voice-over narrative of your story and the music – interacts with the images or video.*

Los alumnos jóvenes producen narraciones digitales a toda velocidad y las comparten al instante, provocando una interacción múltiple y encadenada que muy bien podría servirnos para convertir el aula de español en un espacio genuino de comunicación. Solo precisan de algún motor desencadenante de la acción que narran: una foto personal o de un compañero, una pequeña anécdota, un vídeo aparecido en la red. Son capaces de construir historias allí donde los adultos no somos capaces ni de atisbarlas.

Si reflexionamos sobre la posibilidad de llevar al aula los procesos que se desencadenan en la construcción de las historias digitales, llegamos a la conclusión de que dichas historias hablan de uno mismo, de su sintonía con el grupo, de las emociones que desencadenan los hechos narrados en la propia audiencia y en el narrador, del acontecimiento narrado que motiva un cambio en las percepciones, un antes y un después, del poder evocador de las imágenes y los sonidos que lo suelen acompañar al publicarlo en la red.

STORYTELLING Y EL PLAN DE CLASE

> Llegaba la hora de la verdad. Tanta lectura de artículos y libros especializados sobre *storytelling* y narrativa se revolvía en mi cabeza como la mezcla de agua y aceite que, pasados unos minutos, vuelve a ser una pareja mal avenida. ¿Cómo hacer ese artículo que había aceptado casi por la inercia de no decir nunca que no? ¿Cómo integrar todos los conocimientos estudiados, asimilados y diseminados en papel encuadernado o en pantallazos de ordenador? ¡Eureka! Ya que se trata de narrar, contaré la historia que me llevó a escribir este artículo al principio de cada apartado.

Los que llevamos ya tiempo impartiendo clases de español nos hemos ido curtiendo, quizás sin saberlo, como narradores expertos. Cada uno, con su propia voz, cuenta la clase de una manera u otra. También nuestros alumnos participan en esta narración dirigida al aprendizaje de la lengua meta. Veamos algunos momentos típicos de una clase de español donde aparece de manera natural la narración:

- Contextualización del tema y sondeo de los conocimientos previos. En esta primera fase utilizamos alguna imagen y pedimos a los alumnos que nos **cuenten** lo que les sugiere o saben sobre ello.
- Exposición a un texto auditivo o escrito que sirve de soporte para **contar** el significado, el uso y la forma de los objetivos lingüísticos de la clase. Existen verdaderas historias creadas para ello que compartimos en la comunidad de ELE: la historia de la lámpara maravillosa para introducir el subjuntivo de deseo, la historia de los dos hermanos gemelos, que aunque se parecen mucho son bastante distintos, para presentar *por* y *para*, la historia del gato que despertó a Pepe por la noche y le dio un susto de miedo para conocer el indefinido, entre otras.
- Fase de práctica con énfasis en la precisión para automatizar lo que acabamos de presentar. Aunque este es uno de los momentos menos creativos del plan de clase, muchos profesores intentan sonsacar a los alumnos para que amplíen los modelos y **cuenten** o **se cuenten**, de manera más personal, lo que el manual propone.
- Fase de comunicación con énfasis en la fluidez. Se trata de que los alumnos construyan y **cuenten** al grupo o en grupos una historia, adaptándose a la audiencia, al género discursivo seleccionado y a las exigencias propias de la tarea.

Ya que la creatividad es uno de los posibles motores para captar la atención de la audiencia y potenciar la memoria a medio y largo plazo, algo que suele funcionar con los alumnos, sobre todo con los jóvenes, es construir diálogos entre elementos gramaticales convertidos en personajes. Aquí propongo un ejemplo de diálogo entre todos los pasados.

> INDEFINIDO: ¿Dónde estuviste ayer, Imperfecto? Te llamé y envié mensajes durante todo el día...
> IMPERFECTO: Te iba a llamar, Indefinido, pero es que cuando quería hacerlo siempre había algo que me lo impedía.
> INDEFINIDO: Tú siempre con tus excusas e imprevistos de última hora. Me aburrí como una ostra.
> IMPERFECTO: Pero ¿tú no querías ir al cine con el Pluscuamperfecto?
> INDEFINIDO: Sí, pero al final se arrepintió. Como él ya había visto la película...
> *El pretérito perfecto se acerca a saludarlos y se da cuenta de la tensión que se masca...*
> PRETÉRITO PERFECTO: ¿Qué ha pasado? ¿Otra vez habéis discutido?

IMPERFECTO: No, yo ya me iba...
INDEFINIDO: Pues yo ya me fui (pone acento irónicamente mexicano).
Dejan al pretérito perfecto solo y se acerca el pluscuamperfecto.
PRETÉRITO PERFECTO: Otra vez me he quedado solo. ¿Qué hora de llegar es esta?
PRETÉRITO PLUSCUAMPERFECTO: ¿A qué hora habíamos quedado?
Mira la cara de enfado del pretérito perfecto.

ALGUNOS CONSEJOS PARA CONVERTIRTE EN UN BUEN NARRADOR

Cada apartado de este artículo tiene algo de mí. Sin proponérmelo se han colado en la historia datos puramente profesionales, pero también muy personales. Escribir puede llegar a ser un excelente medio para fomentar la interacción genuina en el aula, el aprendizaje natural y el placer de aprender una lengua al tiempo de aprender más sobre uno mismo y sus estudiantes. Esta historia no tiene final, así que terminaré con un "continuará".

Como no soy más que un buen aficionado al *storytelling,* daré algunas recomendaciones que podrían dar buenos resultados:

- Investiga más sobre *storytelling* y narrativa para experimentar sus enormes posibilidades en el aula.
- Nunca hagas en la clase algo de lo que no estés totalmente seguro y convencido.
- Elige historias que tanto a ti como a los alumnos puedan interesaros.
- Intenta respetar las normas de toda narración oral ante un público interpretando el texto.
- Rodéate de todos los recursos que consigan crear el clima necesario para la escucha (música, disfraces, objetos mágicos, imágenes, decoración del aula, marionetas... cualquier cosa).
- Empieza por pequeñas historias o microrrelatos. La narrativa más pequeña puede ser el título de un libro o una obra de arte.
- Ensaya bien el texto.
- Emociónate y emociona. Diviértete y divierte. Aprende y que aprendan.

BIBLIOGRAFÍA

Alcón, E. (2002). *Bases lingüísticas y metodológicas para la enseñanza de la lengua inglesa.* Castellón de la Plana: Publicaciones de la Universidad Jaume I.

Alonso, N. (2015). "Narraciones multimedia". En *Néstor Alonso de PLEs a cabeza.* Disponible en: http://arrukero.com/ple/?p=693.

Cameron, L. (2001). *Teaching languages to young learners.* Cambridge: Cambridge University Press.

Cortijo, C (2014). "El *storytelling* como recurso didáctico en el aula de inglés". Disponible en https://uvadoc.uva.es/bitstream/10324/7791/1/TFG-G%20896.pdf.

Dhority, L. (1992). *The ACT approach: The Use of Suggestion for Integrative Learning.* Philadelphia: Psychology Press.

Ellis, G. y Brewster, J. (ed. 2014). *Tell it Again! The Storytelling Handbook for Primary English Language Teachers.* Disponible en: http://englishagenda.britishcouncil.org/continuing-professional-development/cpd-teacher-trainers/tell-it-again-storytelling-handbook-primary-english-language-teachers.

Jensen, R. (2001). *The Dream Society.* Columbus: McGraw Hill Professional.

Lambert, J. (2010). *Digital storytelling cookbook.* Berkeley: Digital Dinner Press. Disponible en: https://wrd.as.uky.edu/sites/default/files/cookbook.pdf.

Salmon, C. (2008). *Storytelling, la máquina de fabricar historias y formatear las mentes.* Barcelona: Península.

Tobias, B. (2008). *Teaching Through Storytelling: Storytelling for Children Aged 3 to 5.* Brighton: User Friendly Resources Enterprises.

Wright, A. (2003). *Storytelling With Children.* Oxford: Oxford University Press.

Žigárdyová, L. (2006). "Using Stories in Teaching English to Young Learners". Disponible en: http://is.muni.cz/th/105910/pedf_b/?lang=en.

13

LA METACOGNICIÓN NO ES SOLO COSA DE ADULTOS

Carmen Ramos
Universidad de Lenguas Aplicadas SDI Múnich

INTRODUCCIÓN

"A Pablo se le dan mejor los ejercicios de vocabulario que a mí. Es que no consigo aprenderme los verbos en pasado". "Cada vez que la profesora me pregunta en clase, me pongo nervioso y se me olvida lo que quería decir". Estas frases representan ideas que forman parte del conocimiento metacognitivo de los alumnos, es decir, de lo que estos saben o creen saber sobre sus capacidades, sus procesos cognitivos y su actuación a la hora de aprender, en este caso, una lengua extranjera.

Generalmente se suele asociar el concepto de metacognición o conocimiento metacognitivo a los aprendientes adultos, como si solo estos fueran capaces de reflexionar sobre sus procesos de aprendizaje. El objetivo de este artículo es señalar la importancia no solo de tener en cuenta el conocimiento metacognitivo, sino también de promoverlo entre niños y jóvenes en clase de LE.

Uno de los postulados educativos clave de los últimos tiempos es el aprendizaje durante toda la vida o *lifelong learning*. Es muy probable que los conocimientos que adquiramos ahora queden rápidamente obsoletos en una sociedad que cambia constantemente, por lo que será imprescindible formarnos como aprendientes flexibles, eficientes y proactivos, es decir, capaces de detectar nuestras necesidades de aprendizaje y de aplicar mecanismos y estrategias para satisfacerlas.

Una condición indispensable para formarse como aprendiente con estas características es disponer de mecanismos de autorregulación del aprendizaje, es decir, estrategias que nos lleven a determinar qué hábitos y procedimientos de aprendizaje son efectivos para nosotros, en qué situaciones y contextos y por qué. Para poner en marcha mecanismos de este tipo necesitamos ser conscientes de nuestro conocimiento metacognitivo y desarrollarlo. En este sentido, la infancia y la adolescencia son etapas cruciales, puesto que es entonces cuando nos socializamos como aprendientes, adquirimos hábitos, procedimientos y actitudes de aprendizaje y empezamos a considerarnos como aprendientes efectivos o inefectivos, con los efectos que esto tiene en términos de motivación, pero también de predicción de éxito en el aprendizaje (Stel, 2011).

¿QUÉ ES EL CONOCIMIENTO METACOGNITIVO?

Jerome Bruner destaca la capacidad que tiene cada individuo de reflexionar sobre sus procesos de aprendizaje como elemento esencial de su cognición (Bruner, 1990). Mediante dicha reflexión, la persona podrá ir construyendo significados, es decir, aprendiendo.

Wenden (1998) realiza una amplia revisión bibliográfica de estudios sobre metacognición en el ámbito del aprendizaje de lenguas. Su aportación a este tema es crucial. Wenden (1998, 1999) distingue dos conceptos complementarios en cuanto a la metacognición:

- **Conocimiento metacognitivo:** lo que cada aprendiente sabe o conoce sobre sus procesos de aprendizaje en general.
- **Estrategias metacognitivas:** mecanismos concretos que cada aprendiente pone en práctica para gestionar su aprendizaje; por ejemplo, estrategias para planificar, controlar y evaluar el propio aprendizaje, también llamadas estrategias de autorregulación, especialmente importantes para promover la autonomía en el aprendizaje

Wenden se basa en el psicólogo John H. Flavell para elaborar su modelo de metacognición, y este parte de un modelo de actividad social cognitiva, es decir, defiende que construimos nuestra cognición a partir de la interacción social y no meramente de forma individual. Esto tiene especial importancia a la hora de aplicar estas ideas en el aula de LE. Observando los dos conceptos que destaca Flavell (1981), veremos claramente el paralelismo con el modelo de Wenden:

- **Conocimiento metacognitivo:** "metacognitive knowledge means all the knowledge and beliefs you have acquired and stored in long-term memory that concern anything pertinent to social cognition" (Flavell, 1981: 273).
- **Experiencias metacognitivas:** de carácter cognitivo y afectivo, están relacionadas con la actividad social cognitiva y se almacenan en la memoria a corto plazo. En el transcurso de dichas experiencias, los aprendientes tienen objetivos que intentan alcanzar a base de tareas más o menos complejas en cuya ejecución aplican estrategias.

Por tanto, para concretar estas ideas desde la perspectiva del aula de LE, es posible establecer una relación entre las experiencias metacognitivas, asociadas a situaciones concretas de aprendizaje, a las que cada aprendiente aplica determinadas estrategias metacognitivas, que lo ayudan a abordar tareas de aprendizaje concretas.

A lo largo del tiempo, este saber sobre el propio aprendizaje se asienta en forma de conocimiento metacognitivo, de carácter más general y a largo plazo.

A la hora de pensar en posibles ideas y actividades para el aula de LE que favorezcan el desarrollo del conocimiento metacognitivo de los alumnos, será útil tener en cuenta la clasificación que Wenden (1991) realizó de dicho conocimiento:

- **Conocimiento personal:** conocimiento general que tiene una persona sobre cómo se aprende y cómo se aplica esto a la propia experiencia. Por ejemplo, si un alumno piensa que tiene capacidad para aprender una LE, esto forma parte de su conocimiento personal.
- **Conocimiento estratégico:** lo que un aprendiente sabe sobre qué son estrategias de aprendizaje, cómo funcionan y cuáles le resultan útiles a él y por qué. Por ejemplo, si un aprendiente tiene conocimiento estratégico, estará en condiciones de aplicar diferentes técnicas para aprender vocabulario y de decidir cuáles son las más efectivas para él.
- **Conocimiento de la tarea:** lo que un aprendiente tiene que saber sobre una tarea para poder abordarla con éxito. Por ejemplo, si un alumno se enfrenta a un tipo determinado de texto en la LE, debe saber cuál es el objetivo del texto, las características de esa tipología textual y qué es lo que se persigue con la tarea que ha de realizar.

EL CONOCIMIENTO METACOGNITIVO EN NIÑOS Y JÓVENES

A través de nuestras primeras experiencias escolares empezamos a socializarnos como aprendientes y, por lo tanto, comenzamos a desarrollar nuestro conocimiento metacognitivo. Como señala Hardi (2015), independientemente de su nivel de dominio, los niños son capaces de describir sus procesos de aprendizaje y pensamiento en profundidad.

La época de la adolescencia entre los 13 y los 15 años de edad parece ser decisiva en cuanto a la adquisición de destrezas metacognitivas, puesto que es durante estos años cuando más claramente se desarrollan (Stel, 2011). Esta autora constató que los adolescentes de esas edades no solo se diferencian de forma sustancial unos de otros en cuanto a su uso de destrezas metacognitivas, sino que cada aprendiente adolescente varía en su uso de dichas destrezas en diferentes momentos de su aprendizaje e incluso en diferentes tareas. Según avanzan en su desarrollo, las destrezas metacognitivas se hacen más generales, es decir, los aprendientes están en condiciones de aplicarlas en diferentes campos.

White y Frederiksen (2005), basándose en un enfoque orientado a la indagación y el descubrimiento para aprender ciencias, enfatizan la importancia de promover el conocimiento metacognitivo de los alumnos. Su modelo incluye diferentes dimensiones, que podemos aplicar perfectamente al aprendizaje de una LE: el aula es una comunidad de aprendizaje en la que cada individuo debe reflexionar sobre su conocimiento metacognitivo, lo cual implica ser capaz de hablar de qué capacidades cognitivas, sociales y metacognitivas son útiles, para quién y por qué. Esto supone el desarrollo de las destrezas reguladoras, que estos autores cifran en planificación y monitorización de los procesos de aprendizaje y reflexión sobre los mismos. En un nivel más abstracto, esto quiere decir que los alumnos deberían aprender a mejorar sus capacidades metacognitivas a través de la indagación y la reflexión.

El desarrollo del conocimiento metacognitivo, es decir, que el alumno esté en condiciones de autorregular sus procesos de aprendizaje, lleva a una mayor autoestima como aprendiente. La autoestima constituye un concepto fundamental en la psicología de la educación, que se relaciona de forma positiva con la percepción de éxito en el aprendizaje y la motivación, y de forma negativa con la ansiedad. Para una visión general de este concepto y su discusión, véase Rubio (2007).

¿CÓMO FOMENTAR EL CONOCIMIENTO METACOGNITIVO DE NIÑOS Y JÓVENES EN EL AULA DE LE?

Según Stel (2011), sería conveniente fomentar el conocimiento metacognitivo de los alumnos de forma:

- constante a lo largo del tiempo;
- informada, es decir, los alumnos deben saber qué tipo de conocimiento están trabajando y por qué;
- contextualizada, es decir, en una materia determinada (por ejemplo, la clase de LE);
- adecuada a la fase del desarrollo en la que se encuentren los alumnos.

Este último factor es especialmente importante, puesto que la capacidad reflexiva y de abstracción de las personas aumenta con la edad, por lo que sería recomendable fomentar el conocimiento metacognitivo de los niños de forma más concreta, con ejemplos accesibles y con elementos lúdicos. En el caso de los adolescentes se puede abstraer más e incluso pedirles que argumenten.

En la red se encuentran algunos ejemplos de cómo fomentar el conocimiento metacognitivo de los aprendientes más jóvenes. Por ejemplo, Price-Mitchell (2015) propone siete estrategias para mejorar la metacognición de los niños.

Wilson y Conyers (2014) sugieren cinco formas de ayudar a que los alumnos mejoren su metacognición; si bien sus sugerencias se refieren a estudiantes universitarios, algunas de ellas son perfectamente adaptables a niños y jóvenes.

A continuación, exponemos algunas propuestas para ayudar a niños y jóvenes a que desarrollen su conocimiento metacognitivo en el aula de LE:

- Tanto en las destrezas orales como en las escritas, es importante dar ***feedback* constructivo** a los alumnos, es decir, una retroalimentación que los ayude a seguir construyendo su competencia comunicativa partiendo de lo que ya saben. Por tanto, será esencial destacar lo que ya saben hacer y orientarlos con ideas concretas para que puedan mejorar. Esto no solo contribuye a que desarrollen su conocimiento metacognitivo, sino que es esencial para que adquieran y consoliden su autoestima como aprendientes. Si es posible, conviene dar *feedback* personalizado y elaborarlo en interacción con el alumno. Por ejemplo, si se trata de dar *feedback* sobre textos escritos o sobre una presentación oral, se puede empezar preguntando al alumno qué ha hecho bien y por qué. Esto no quiere decir evitar hablar de los errores como algo negativo, sino todo lo contrario: hablar de los errores como signos de aspectos que se pueden mejorar.
- Especialmente con aprendientes adolescentes y en tareas más bien complejas, como pueden ser los proyectos, se pueden introducir tres momentos de **reflexión breve y concreta** que coincidan con las fases de autorregulación del aprendizaje: planificación, monitorización y evaluación. Para cada fase se puede preparar un breve cuestionario con preguntas orientativas como se indica a continuación. El cuestionario se puede utilizar de forma individual, pero también puede servir para dirigir la reflexión de todo un equipo de trabajo. Por este motivo está redactado en plural:

  1. Planificación

     - ¿Qué material (documentos, etc.) vamos a necesitar?
     - ¿Con qué hemos de empezar? ¿Y después? ¿Cómo será nuestra secuencia de trabajo?
     - ¿Qué tiempo nos va a llevar cada actividad aproximadamente?
     - ¿Quién se encarga de hacer qué?

  2. Monitorización

     - ¿Cómo vamos de tiempo? ¿Conviene reestructurar nuestro plan de trabajo?
     - ¿Cómo de avanzadas van las tareas?

- ¿Alguien tiene dificultades? ¿Cómo lo podemos ayudar?
- ¿Necesitamos la ayuda del profesor o de otros compañeros?

3. Evaluación

- ¿Qué hemos aprendido como grupo de esta tarea/este proyecto?
- ¿Qué ha aprendido cada uno de nosotros?
- ¿Qué haríamos la próxima vez de otra forma? ¿Por qué?
- ¿Qué ha sido lo más fácil? ¿Y lo más difícil? ¿Por qué?
- ¿Podemos aplicar lo que hemos aprendido aquí a otro campo de conocimiento?

- Con aprendientes de todas las edades, pero especialmente con niños, es importante apelar a su mundo de conocimientos y saberes, a sus **experiencias vitales**. Esto los ayudará a conectar nuevos contenidos y competencias con lo que ya saben. Por ejemplo, antes de iniciar una actividad, sea leer un texto, cantar una canción o escribir un cuento, se puede activar lo que ya saben los alumnos haciendo un juego en forma de concurso, planteándoles un enigma, dándoles pistas (orales o visuales) para que intenten adivinar el tema que se va a tratar o pidiéndoles que cuenten una historia, real o inventada, relacionada con ese tema. En el transcurso de la actividad se les puede pedir que preparen preguntas para los compañeros. Si el profesor las recopila, dichas preguntas pueden servir de test de repaso final.

- Se puede pedir a los alumnos que lleven **diarios de aprendizaje**. Para este fin, conviene que el profesor plantee preguntas orientativas como guía para promover la reflexión de los alumnos, como por ejemplo: ¿Puedes anotar algo concreto que has aprendido? ¿Puedes escribir un ejemplo? ¿Qué te ha resultado fácil y por qué? ¿Dónde has tenido dificultades? ¿Qué has hecho para solucionarlas? ¿Puedes anotar un aspecto en el que quieres mejorar? Los diarios no tienen que seguir necesariamente la forma clásica de escribir en el diario cada día después de la clase. Se puede tener un diario para toda la clase en forma de cartel en la pared o en un *flipchart*. Cada página representa una semana y cada alumno debe escribir al menos una frase en esa página. El último día todos releen el diario y cada semana un alumno se encarga de hacer un resumen oral con las conclusiones para presentárselo al profesor y a los compañeros. Si se trabaja con niños, se puede hacer un diario visual en el que los alumnos recojan sus impresiones de la clase en forma de dibujos. Es interesante verbalizar esas imágenes en forma de relato para que los alumnos se acostumbren a verse como aprendientes y a reflexionar sobre su aprendizaje.

En definitiva, se trata de que los aprendientes, niños y jóvenes, aprendan a ser conscientes de cómo aprenden y por qué. Esta es una competencia de la que se beneficiarán a lo largo de toda la vida.

BIBLIOGRAFÍA

Bruner, J. (1990). *Actos de significado. Más allá de la revolución cognitiva*. Madrid: Alianza Editorial.

Flavell, J. H. (1981). "Monitoring Social Cognitive Entreprises: Something Else that May Develop in the Area of Social Cognition". En Flavell, J. H. y Ross, L. (eds.), *Social Cognitive Development: Frontiers and Possible Futures*, págs. 272-287. Cambridge: Cambridge University Press.

Hardi, J. (2015). "An Overview of Metacognitive Strategies in Young learners' Vocabulary Learning". En *Gradus*, vol. 2, núm. 1, págs. 46-60.

Price-Mitchell, M. (2015). "Metacognition: Nurturing Self-Awareness in the Classroom". En *Edutopia*. Disponible en: http://www.edutopia.org/blog/8-pathways-metacognition-in-classroom-marilyn-price-mitchell.

Rubio, F. (2007). "Self-Esteem and Foreign Language Learning: An Introduction". En Fernando Rubio (ed.), *Self-Esteem and Foreign Language Learning*. Newcastle: Cambridge Scholars Publishing. Disponible en: http://www.cambridgescholars.com/download/sample/60378.

Stel, M. (2011). *Development of Metacognitive Skills in Young Adolescents: A Bumpy Ride to the High Road.* Enschede: Ipskamp Drukkers B.V. Disponible en: https://openaccess.leidenuniv.nl/bitstream/handle/1887/17910/binnenwerk%20manita%20van%20der%20stelDEF.pdf?sequence=15.

Wenden, A. L. (1998). "Metacognitive Knowledge and Language Learning". En *Applied Linguistics*, vol. 19, núm. 4, págs. 515-537.

Wenden, A. L. (1999). "An Introduction to Metacognitive Knowledge and Beliefs in Language Learning: Beyond the Basics". En *System*, vol. 27, núm. 4, págs. 435-441.

White, B. y Frederiksen, J. (2015). "A Theoretical Framework and Approach for Fostering Metacognitive Development". En *Educational Psychologist*, vol. 40, núm. 4, págs. 211-223.

Wilson, D. y Conyers, M. (2014). "Metacognition: The Gift That Keeps Giving". En Edutopia. Disponible en: http://www.edutopia.org/blog/metacognition-gift-that-keeps-giving-donna-wilson-marcus-conyers.

14

¡ATENDED, POR FAVOR!

Encina Alonso
Universidad de Múnich

La profesora estaba satisfecha con su presentación de los nuevos contenidos; se la había preparado muy bien y le había salido como ella la había planeado. Bueno, pensó, ahora los pongo a practicar lo presentado con una actividad muy guiada.

Entonces fue cuando David oyó a la profesora decir que había que formar grupos de tres y con estas tarjetas tenían que construir el diálogo. ¡¿Qué?! ¡¿Qué tenemos que hacer?! No me he enterado de nada, pensó David, quien se acababa de dar cuenta de que no había escuchado ni visto nada en los últimos minutos. Y la pregunta es: ¿dónde había estado este estudiante durante la presentación? Sí, claro, su cuerpo había estado en la clase, pero su mente había vagado por otro lugar. La profesora había enseñado unas fotos de unos paisajes y eso le hizo darse cuenta de que no había terminado el proyecto de Geografía; empezó consultando cuándo tenía la próxima clase, cómo se lo iba a decir al profesor y... bueno, que su mente no estuvo presente durante un tiempo. La profesora hablaba y hablaba, escribía en la pizarra, pero él ya no era capaz de atender.

Esta es nuestra realidad: aunque nosotros los profesores tengamos los materiales perfectos y nuestra preparación y ejecución sean excelentes, si un alumno no está atendiendo, no sirve para nada. Estamos de acuerdo con Martínez en que "la influencia de los procesos atencionales incide significativamente en el procesamiento de la información" (2004: 14). Por eso queremos reflexionar sobre el tema de la atención en este artículo, porque es esencial en el aprendizaje y es nuestra labor como profesores asegurarnos de que los alumnos atienden en todo momento. ¿Pero cómo lo podemos conseguir? Los profesores podemos guiar la atención de los alumnos porque, como dice Goleman (2014), somos los líderes en la clase. Metafóricamente podemos llenar nuestras clases, como en una exposición de arte, de focos de luz, a donde queremos que los alumnos se dirijan, enmarcar los cuadros para que se concentren mejor y vaciar la exposición de todo lo innecesario y todo lo que los pueda distraer.

Es curioso que mencionamos la atención e inmediatamente nos referimos a los alumnos, pero ¿atendemos nosotros los profesores en el aula de la manera correcta? Cuando los alumnos hablan, ¿los escuchamos atentamente o nuestra mente ya va viajando hacia la siguiente actividad, pensando en cómo los voy a colocar, porque me faltan dos alumnos para las tarjetas del juego? ¿Observo atentamente, mientras ellos trabajan en grupos, su lenguaje corporal y su comportamiento? “Emotion can also start on the face”, afirma Gladwell (2006: 208), por lo que debemos atender a sus expresiones faciales para empezar a entender lo que pasa por sus mentes. Quizás debamos nosotros también trabajar en mejorar nuestra atención. Al igual que los alumnos tienen que sincronizar con la nueva clase de español, nosotros también debemos dedicar unos minutos a atender al aula: al mobiliario, a los alumnos y a la clase que va a comenzar. Por ello debemos estar presentes en el aquí y ahora.

Los primeros momentos de la clase son esenciales: cómo recibes a los alumnos, cómo compartes con ellos los objetivos de la clase. ¿Miras tus materiales o los miras a ellos? Si los observas, enseguida puedes sentir su energía para adaptar la clase, ves quién viene preocupado, cabizbajo, seguramente porque no ha hecho los deberes, quién está excesivamente activo o pasivo, quizás cansado. Habla con ellos y atiende a lo que te dicen, intenta entenderlos. Ya el hecho de dedicarles esa atención particular a cada uno de ellos, decirles con la mirada, o con las palabras, “sé que estás aquí y me importas, y tengo empatía por cómo te sientes hoy”, es lo más válido para los alumnos.

Es importante recordar que la atención es dinámica, esto es, que se puede mejorar. Es, como define Goleman, un músculo (2014) que hay que entrenar, porque en realidad terminas solo viendo y oyendo aquello a lo que atiendes, independientemente de lo que existe a tu alrededor. Cuando además estamos tratando con adolescentes, tenemos que tener siempre en mente que su cerebro y su atención están acabándose de formar. Asimismo, las creencias que un alumno tiene sobre sus capacidades, su autoestima y su autoeficacia son componentes muy importantes de la atención. ¿Para qué voy a atender si no lo voy a entender, si, como siempre, no voy a ser capaz de realizar la tarea? Además, los factores afectivos juegan un papel predominante en la atención. Pero también le podemos dar la vuelta si creemos, como Goleman (2014: 76), que “attention regulates emotion“ y que “how we focus holds the key to willpower” (Mischel en Goleman, 2014: 79). Nuestro poder en la atención nos ayuda no solo a focalizar, sino a luchar contra las distracciones, incluso las emocionales, y a poner nuestro foco en un objetivo, aunque este esté en el futuro.

DEFINICIÓN DE LA ATENCIÓN

La atención fue definida por primera vez por William James en 1890 y la vio como “involving the holding of something before the mind to the exclusion of all else” (Groome, 2006: 66). Desde entonces muchas han sido las definiciones.

A nosotros nos gusta esta de Jiménez (1999: 134): "el mecanismo implicado directamente en la activación y el funcionamiento de los procesos u operaciones de selección, distribución y mantenimiento de la actividad psicológica", porque no solo menciona el foco, sino el procesamiento que se lleva a cabo gracias a él.

Los progresos de la neurociencia, sobre todo a partir de los noventa, cuando se empezaron a usar la PET[1] y después la fMRI[2], nos han ayudado a entender mejor cómo funciona el cerebro, porque hay muchos tipos de atención y cada una sigue un circuito diferente. Sabemos que la información se transmite de una neurona a otra por medio de unos mensajeros eléctricos y, a continuación, de unos químicos llamados neurotransmisores. Después cada neurona trabaja ese nuevo contenido interactuando con varias partes del cerebro. Es importante apuntar que la atención no reside en un único centro (Mora, 2014) y que se dirige movida por un motivo interno. Los alumnos atienden a lo que les interesa, lo que tiene un sentido para ellos, o siguiendo las palabras de Martínez (2004: 22), "a aquellos aspectos que satisfacen en cierta medida sus necesidades o bien centrándolos en determinadas metas específicas".

TIPOS DE ATENCIÓN

- **Atención selectiva.** Trata de mantener la mente en algo que elegimos siendo capaces de rechazar otras distracciones. Funciona como un filtro sobre lo que queremos atender sin que lo demás desaparezca del todo. Es como una foto donde el teleobjetivo se concentra en algo y lo demás se queda borroso, pero está ahí y en cualquier momento un estímulo puede hacer que el foco de la atención cambie. No obstante, en algunos casos, como comprobó Kahneman en sus experimentos, (2011: 34), "people, when engaged in a mental sprint, may become effectively blind" y, como consecuencia, dejamos de percibir lo que no nos interesa en ese momento.

- **Atención alterna.** Trata de cambiar de una manera flexible el foco de nuestra mente para realizar varias tareas de forma alternativa que requieren capacidades cognitivas diferentes. Aunque en principio esto nos parece difícil, son múltiples las ocasiones en que requerimos este tipo de atención por parte de nuestros

---

1 La **tomografía por emisión de positrones** o **PET** (por las siglas en inglés de *positron emission tomography*) es una tecnología capaz de medir la actividad metabólica del cuerpo humano.

2 La **imagen por resonancia magnética funcional** o ***fMR*I** (por las siglas en inglés de *functional magnetic resonance imaging*) es un procedimiento clínico y de investigación que permite mostrar en imágenes las regiones cerebrales que ejecutan una tarea determinada.

alumnos en la clase. Si las dos tareas son sencillas, se pueden realizar, pero ¿qué pasa cuando la explicación se realiza en una lengua extranjera con muchas palabras que no se entienden y las notas que se toman son un resumen de lo que se está entendiendo? ¿Es posible alternar estas dos tareas?

- **Atención dividida.** Trata de hacer dos cosas diferentes a la vez. Este tipo de atención es difícil, con frecuencia se producen interferencias y en muchos casos se trata de una atención alterna, pero a gran velocidad. Por ejemplo, cuando se escucha música al mismo tiempo que se trabaja. Hay resultados de investigaciones que constatan que puede ser una distracción sobre todo cuando hay variedad en la música y porque nos trae recuerdos emocionales que se convierten en distracciones. Como al trabajar los alumnos en español tratan con palabras y las canciones contienen palabras, puede haber interferencias, por lo que es mejor escuchar música instrumental. También es verdad que la música relaja, lo que es algo positivo, y los jóvenes practican tanto esta atención dividida que puede ser que la consigan desarrollar, aunque a nosotros nos parezca que es imposible. Es un tema importante para tratar con los adolescentes.
- **Atención mantenida o sostenida.** Trata de mantener la atención focalizada durante un tiempo; también se llama concentración. Se necesita una atención previa que luego se ha de sostener. Parece que este tipo se está perdiendo, ya que cada vez desarrollamos más la atención alterna porque ahora es más frecuente hacer varias cosas a la vez, como cuando leemos en la red y consultamos otros enlaces, vemos un vídeo y buscamos en el diccionario, prácticamente al mismo tiempo.

LA ATENCIÓN Y OTROS COMPONENTES

Hay numerosas actividades para las que casi no necesitamos atención porque se han convertido en algo automático. Podemos perfectamente conducir mientras escuchamos las noticias, pensar lo que vamos a hacer al llegar al trabajo e incluso atender a lo que están diciendo nuestros hijos en los asientos de detrás. Esto trasladado al aula quiere decir que si nuestros alumnos aprenden una serie de hábitos, como preparar los materiales según entran en clase, utilizar una serie de estrategias, etc., no necesitarán una especial atención que pueden dedicar a otras cosas. Muchas veces los errores que cometen los alumnos son debidos a falta de atención, no a la falta de conocimiento, y esto es importantísimo porque el tratamiento de estos será completamente diferente. Al concentrarnos en algo nuevo, otra cosa ya conocida, pero no totalmente automatizada, se nos escapa. Hoy en día sabemos la importancia que tiene el *input* comprensible, pero este *input,* además de comprensible, debe ser visible para que capte la atención del alumno. Si estamos trabajando el subjuntivo, observamos que los alumnos aprenden antes los irregulares (*haga*, *tenga*, *vaya*...) que los regulares. Una de las razones es que los ven y oyen mejor porque se distinguen más del indicativo. Entonces, cuando trabajemos el subjuntivo, realicemos actividades que capten la atención tanto visual como auditivamente sobre estas formas verbales: "Tomamos contacto con el mundo a través de nuestros receptores sensoriales" (Mora, 2014: 27).

En la atención intervienen órganos sensoriales como la vista y el oído. Por ello debemos asegurarnos de que los materiales que exponemos puedan ser vistos y oídos por todos los alumnos y también que se vean y oigan bien entre ellos. Pero no toda atención está ligada solo a los órganos sensoriales, se necesita atención también para los procesos mentales y debemos buscar la efectividad, es decir, la economía cognitiva. Para ello, los objetivos deben estar siempre muy claros. Por ejemplo, si trabajamos léxico, la gramática debe ser conocida, o si queremos que practiquen una estructura gramatical, entonces el léxico debe ser todo conocido.

FACTORES QUE ENTURBIAN LA ATENCIÓN

UNA DISTRACCIÓN, QUE PUEDE SER TANTO EMOCIONAL COMO SENSORIAL

Son múltiples las causas que la pueden provocar, desde un ruido desagradable a un pensamiento positivo relacionado con lo que se está atendiendo, pero que lleva la mente hacia otro lugar. Entorno, contexto, preocupaciones, falta de seguridad, malas experiencias y recuerdos producen distracciones continuas. La teoría de Duncan and Humphreys (1992) dice que el poder de la distracción depende del "degree of similarity between target and distracter" (Groome, 2006: 78). Esto es, cuanto más parecida sea la distracción al objetivo que tenemos, más poder tiene. Los profesores no podemos evitar todas las distracciones, pero sí ser conscientes de ellas y hacer conscientes a nuestros alumnos.

LA SOBRECARGA COGNITIVA, EXCESO DE INFORMACIÓN QUE CAUSA UN DÉFICIT EN LA ATENCIÓN

El profesor está explicando un tiempo verbal mientras el alumno escucha, mira la pizarra porque el profesor está haciendo un dibujo, escribe y dibuja en su libreta lo que ve en la pizarra y también anota algunos comentarios del profesor. A partir de aquí el estudiante empieza a procesar, busca en su mente un conocimiento previo, contrasta lo que está aprendiendo con lo que ya sabía sobre ese tiempo verbal y entonces surge un conflicto: no puede añadir ese nuevo significado porque se contradice con lo que él sabía. A todo esto el profesor sigue hablando y el alumno ya se ha perdido. Esto es lo que se llama sobrecarga cognitiva. Según Goleman, "overloading attention shrinks mental control" (2014: 31), y es que el cerebro no puede con todo. Por eso hay que ir paso a paso, darle tiempo al alumno a que interiorice lo explicado y reflexione.

UNA MALA DISPOSICIÓN POR UNA CAUSA FISIOLÓGICA O EMOCIONAL

La falta de atención viene dada muchas veces porque el alumno no se encuentra bien. Puede ser que tenga hambre, sed, cansancio o estrés o que tenga un problema que le ocupe la mente y por eso ese día no pueda atender. De ahí la importancia de observar a los alumnos para darse cuenta de su proceso atencional.

UNA FALTA DE INTERÉS Y MOTIVACIÓN

Viene dada en la mayoría de las ocasiones porque los alumnos no entienden lo que están haciendo o por qué lo están haciendo. A menudo, esto ocurre porque no se han compartido y explicado los objetivos o no se ha sabido implicar a los alumnos en la actividad que se va a realizar.

CAUSAS MÁS GRAVES

Existen trastornos en la atención, como el trastorno por déficit atencional, entre otros, que afectan significativamente a la capacidad para aprender. Estos son temas que exceden nuestra profesión y lo único que podemos hacer es, si observamos una conducta que apunta a un trastorno, comunicarlo al centro para que quede en manos de otros profesionales.

EL DESARROLLO DE LA ATENCIÓN

Cuando hablamos de atención debemos distinguir entre captar la atención, mantener la atención y llevarla a otro foco.

1. **Captar.** Según Goleman (2014: 209), "directing attention toward where it needs to go is a primal task of leadership. Talent here lies in the ability to shift attention to the right place at the right time". El comienzo de la clase es importantísimo, porque los alumnos vienen de sus mundos y tenemos que dirigirlos hacia el español. Para captar su atención, haz cosas diferentes: pon una canción, un vídeo, enseña una foto, un juego, algo que les sintonice con la clase de español. Lo importante es que ellos atiendan porque quieren y no porque tú has dicho tres veces: "¡Atended, por favor!".

2. **Mantener.** La atención es limitada y no dura mucho porque, como expone Martínez (2004: 48), "la influencia atencional va debilitándose gradualmente conforme va transcurriendo la clase". Los adolescentes, a medida que se hacen mayores, son capaces de concentrarse mejor, sobre todo si han tenido un buen entrenamiento. Asimismo, si se atiende a muchas cosas y durante mucho tiempo, se produce una saturación, por lo que debe haber pausas (¡no pidamos lo imposible!). Enmarca los contenidos en historias, porque estas no solo captan la atención, sino que la mantienen, y esto es debido a que la atención busca siempre un significado.

3. **Cambiar el foco.** Cuando se termina una actividad tiene que existir un cierre y un descanso mental antes de llevar la atención a la siguiente actividad, dejar que el que lo necesite se levante o descanse. En esos momentos se puede realizar una actividad tranquila, como escuchar una canción. Si hemos comentado antes que el principio de la clase es importante, el final también lo es. Cinco minutos antes del final (ponte una alarma si es necesario) se recuerda lo que se ha hecho en clase, se pregunta lo que se ha aprendido, si hay algo que les ha gustado y que quieren repetir, algo que omitirían y se termina con un último pensamiento positivo en español. Ya estarán cansados de atender y ahora se trata de concentrarse en lo que se ha hecho simplemente. Observa a los alumnos de nuevo uno por uno, recuérdales si tienen algo de deberes, alguna cuestión administrativa y despide la clase con tranquilidad.

ATENCIÓN PLENA O *MINDFULNESS*

Como manifiesta Schoeberlein (2012: 204), la atención plena trata de "asimilar la consciencia, la atención y el equilibrio emocional en el momento". Muchas investigaciones ya están corroborando el gran incremento en atención y, como consecuencia, en conducta y aprendizaje debido a estas técnicas. Su práctica es un ejercicio ideal para desarrollar la atención y mejorar el enfoque mental. Esta práctica es muy rica y sirve para muchas cosas, como reducir la ansiedad, el estrés, favorecer el autocontrol de pensamientos y emociones y evitar conflictos en el aula, pero en este artículo vamos a centrarnos en la influencia que tiene en la atención. No tenemos que ser expertos en *mindfulness*, sino solo creer en ella y empezar con pequeñas actividades. Casi todos los ejercicios van precedidos de una fase en la que hay que sentarse con la espalda recta, los pies en el suelo y las manos en las rodillas, la cabeza cómoda, un poco inclinada hacia delante, seguida de una fase de concentración en la respiración. Puede ser que los adolescentes se sientan ridículos y que les incomode realizar al principio estos ejercicios.

Incorpóralos poco a poco. Los que no quieran pueden observar o hacer otra cosa. Lo importante es que entiendan la razón por la que se hace, que les demos pruebas de su validez y un objetivo concreto a corto plazo.

ACTIVIDADES PARA PRACTICAR LA ATENCIÓN AUDITIVA Y VISUAL

- Lleva a clase unas piedras y deja que los alumnos escojan una y luego la observen atentamente; después mézclalas y colócalas en la mesa. Los alumnos se levantan y cada uno trata de reconocer la suya. Después pasa inmediatamente a que trabajen un texto en el que, por ejemplo, busquen todos los subjuntivos en un tiempo récord o todas las preposiciones *a*, o que resalten en color verde todos los indefinidos y en azul todos los imperfectos, o que busquen todas las palabras que estén relacionadas con la naturaleza o todos los adjetivos positivos. Con estas actividades los haces conscientes de la importancia de la observación y de la atención a la forma.

- Haz que los alumnos miren una foto durante unos minutos concentrándose en todos los detalles. Después, ya sin la foto, haces preguntas concretas: "¿De qué color es el coche que está aparcado delante del cine? ¿Cuántas mujeres hay a la puerta del cine? ¿Qué película pasan?", etc. Con esta actividad, practicamos la atención visual y, por supuesto, la comprensión y expresión oral (adaptado del libro de Arnold et al. *¡Imagínate!*, pág. 45).

- Proyecta frases numeradas, por ejemplo, interrogativas y exclamativas. Los alumnos simplemente observan y anotan los números de las frases en las que falta el inicio de los signos de interrogación o exclamación. De esta forma, no solo los ayudamos a focalizar al comienzo de la clase, sino que los hacemos conscientes de la necesidad de los dos signos de interrogación o exclamación. Lo mismo se puede hacer con palabras que lleven tilde.

- Los alumnos cierran los ojos y tú les dices que los vas a llevar de viaje a su lugar favorito, donde descansan, donde nadie los molesta. Entonces, cuando estén ya relajados, comienza a hacer preguntas que ellos solo contestan mentalmente. "¿Estás en tu habitación, quizás tumbado encima de la cama? Obsérvate, ¿estás solo, escuchando música, tienes las luces encendidas? ¿Qué sientes?" Posteriormente, si se quiere, se pueden compartir estos momentos en pequeños grupos e incluso realizar un trabajo de expresión escrita.

- Se recita un poema y los alumnos levantan la mano cada vez que oyen, por ejemplo, la palabra *mar* o miran al compañero de la izquierda cuando oyen la palabra *tú*. También se les puede entregar un poema en el que se cambian tres palabras al recitarlo y los alumnos tienen que reaccionar cuando oigan las diferencias. Se pueden escuchar diálogos y los alumnos deciden el estado emocional de los interlocutores: si las personas están enfadadas, agresivas, alegres, etc. Se trata una vez más de mejorar su atención y la comprensión auditiva.

- Proyecta en la pizarra diez palabras trabajadas en la clase anterior. Los alumnos se fijan en las palabras, después cierran los ojos y tú añades una palabra más o quitas dos. Se trata de que ellos descubran los cambios. Sirve de repaso de vocabulario y para practicar la atención.

CONCLUSIONES A MODO DE CONSEJOS

- Habla con tus alumnos a través de, por ejemplo, un cuestionario como el que planteamos sobre el tema de la atención.
- Haz conscientes a tus alumnos de sus puntos fuertes y débiles en cuanto a la atención y a la concentración.
- Concreta los objetivos, a poder ser, en solo una cosa para que se atienda de forma eficaz y no se produzca una sobrecarga cognitiva.
- Pon en práctica de forma gradual actividades para fomentar y desarrollar la atención plena y coméntalas con tus alumnos.
- Integra varios tipos de emociones para activar su atención: humor, sorpresa, curiosidad. Después comenta con ellos cómo se han sentido y qué les ha ayudado más a mantener la atención.
- Trabaja para conseguir que tus alumnos tengan una motivación intrínseca que mantenga su atención.

BIBLIOGRAFÍA

Alonso, E., Guzmán, E. y Koller-Alonso, S. (2016). *Soy profesor/a. Aprender a Enseñar*. Madrid: Edelsa.

Arnold, J., Puchta, H. y Rinvolucri, M. (2012). *¡Imagínate…! Imágenes mentales en la clase de español*. Madrid: SGEL.

Gladwell, M. (2006). *Blink. The Power of Thinking Without Thinking*. Londres: Penguin Books.

Goleman, D. (2014). *Focus, the Hidden Driver of Excellence*. Londres: Bloomsbury.

Groome, D. et al. (2006). *An Introduction to Cognitive Psychology. Processes and Disorders*. (2.ª edición). Hove: Psychology Press.

Jiménez, J. E. (1999). *Psicología de las dificultades de aprendizaje*. Madrid: Editorial Síntesis.

Kahneman, D. (2011). *Thinking, Fast and Slow*. Londres: Penguin Books.

Martínez, J. (2004). *Aprendizaje de una lengua extranjera. Incidencia de los procesos atencionales y motivacionales*. Badajoz: Abecedario.

Monereo, C. (2001). *Estrategias de Enseñanza y Aprendizaje. Formación del Profesorado y Aplicación en la Escuela*. Barcelona. Graó.

Mora, F. (2014). *Cómo funciona el cerebro*. (2.ª edición). Madrid: Alianza editorial.

Schoeberlein, D. (2012). *Mindfulness para enseñar y aprender. Estrategias prácticas para maestros y educadores*. Madrid: Neo Person.